英語コアカリキュラム対応

英語の諸相
— 音声・歴史・現状 —

川原功司

名古屋外国語大学出版会
Nagoya University of Foreign Studies Press

序

　平成 29 年 7 月 3 日付けの教員養成部会（第 98 回）において，外国語（英語）コアカリキュラムが報告された．大学で教務関係の仕事に携わっている人たちには，周知の事実である。かんたんに言うと，英語教員免許を授与するための要件として，「英語学」という大学の講義では以下の目標を設定し，学生に身につけさせることが求められるようになった．以下，部会からの引用である．

【全体目標】
　中学校及び高等学校における外国語科の授業に資する英語学的知見を身に付ける。

【学習内容】
◇学習項目

1. 英語の音声の仕組み
2. 英文法
3. 英語の歴史的変遷、国際共通語としての英語

◇到達目標

1. 英語の音声の仕組みについて理解している。
2. 英語の文法について理解している。
3. 英語の歴史的変遷及び国際共通語としての英語の実態について理解している。

正直に言えば，昨今の文部科学省の英語教育の方針に関しては（批判的に）言いたいことが山ほどあるのだが，英語コアカリキュラムの英語学の目標については，悪くないという印象を持った．

英語の教授にあたっては発音記号が重要であるし，かつ音声のメカニズムの理解は必要不可欠なのだが，それが軽んじられている風潮は否めない．こういう事情もあって，本書では，音声学・音韻論の基礎を手軽に学び，またその知識を利用しながら英語の変遷について追いかけていく，ということを一つ目の課題とした．もちろん，英語コアカリキュラムにもあるように，基礎知識がなくとも順を追って理解できるように英語史を紹介している．また，英語は文法がかなり変わってきているため，その文法の変遷を辿っていくことによって，文法知識を確固たるものとすることも期待できる．また，文法のなかでも「規範文法」というものが，どういう歴史的経緯を経て出現してきた概念なのかについても，説明してみたつもりだ．

さらに，イギリス英語とアメリカ英語は違うと言われており，じっさい，ある程度の英語の知識がある人間にとってはそのどちらかを聞き分ける程度のことなら容易なのだが，具体的にどういう違いがあるのかということについても説明した．これら二つの言語が異なるのは，歴史的な経緯があり，また，その違いを把握するためには，音声・音韻の基礎知識と文法知識が必要不可欠であり，社会言語学的な視点についても注意を払う必要がある．そして，他の英語圏の英語や諸事情などについても紹介している．

まとめると，本書には以下のような特徴がある．

- 英語の音声の仕組みを理解し
- その知識を使って，英語の歴史・現状について学び
- その過程で英文法の知識を深める

それでは，英語学の基礎について考えていくことにしよう．

目次

序		i
第 1 章	音声学・音韻論	1
1.1	音象徴	5
1.2	50 音図とサンスクリット	12
1.3	音声の記述	26
1.4	音素と弁別素性	45
1.5	音のつながり	49
1.6	強勢	53
練習問題		60
読書案内		63
第 2 章	英語の歴史	65
2.1	言語の親戚関係	67
2.2	古英語	81
2.3	中英語	98
2.4	初期近代英語	114
2.5	後期近代英語	132
2.6	法と活用の歴史	144
練習問題		155
第 3 章	世界の中での英語	161
3.1	イギリス英語	164

| | iv | 目次 |

3.2	アメリカ英語	184
3.3	カナダ英語	202
3.4	オーストラリア英語	204
3.5	標準英語？	211
練習問題		214

第 4 章　英語にまつわるエトセトラ　　217

4.1	英語は世界の共通語？	217
4.2	イギリスとユニオンフラッグ	222
4.3	月と暦	226
読書案内		230

索引　　241

第1章

音声学・音韻論

Language embodies the intellectual wealth of the people who use it.

Hale (1992)

音声学とは，人間言語の物理的実在である言語音声，および音声知覚に関する心理的存在を研究対象とする学問である．とくに調音に関する，生理学的・物理学的研究を主な目的としている．一方で，音韻論とは，音声にかかわる文法知識，およびその研究のことを指している．つまり，音声現象を言語の体系のなかで捉えようとする研究である．そのため，研究対象は人間が持っている言語知識，つまり文法が対象となる．この章では，音声学・音韻論の基礎を学びながら，言語音声がどのように構築されるのかという基礎事項について考えていくことにしよう．

まずは，次の問題について考えてみよう．

2　　　　　　　　　　　　　　　　　　　第 1 章　音声学・音韻論

最初の問い

「が」を「か」に変えたとしします．そして，同じように「ば」に同じ
変更を加えるとどうなるでしょうか．つまり，（　）に入る文字は何で
しょうか．

- が：か ＝ ば：（　）

おそらく一番多い返答は，濁点の点々をとって「は」にすればよいという
回答だろう．ところで，この濁点にはどういう意味があるのだろうか．この
記号は，平安時代の 9 世紀ごろに仏僧たちが使用し始め，それが漢学者の間
にも広まっていったもので，仮名の右上に打つ習慣は，江戸時代初期の 17
世紀に定着し始めたようだ (沖森他, 2010)．濁点には「清音を濁音にせよ」
という意味があるわけだ．例外がいくつかあるのだが，濁音とは，要するに
声帯を使って出す有声音 (voiced sound) のことだ．

　喉の奥には，食べ物の通り道である食道と，呼吸のさいに空気の通り道と
なる気管がある．咽頭は喉の壁で，「のどぼとけ」として振れられる場所に喉
頭 (larynx) がある．喉頭の中には声帯 (vocal cords) があり，声門 (glottis)
という隙間を閉じることができる．この，声帯の振動を伴う音を有声音，伴
わない音を無声音 (voiceless sound) と呼んで区別している．

　ためしに喉に手を当てて，発音してみることにしよう．いきなりで難しい
かもしれないが（1.3 で説明する），「か」の音声を構成している [k]*1を，喉
に手を当てて発音してみよう．日本語は，子音 (consonant) に母音 (vowel)
が後続するのが厄介なのだが，「た」と「か」に含まれている [a] の音を発音
しないように注意してほしい（母音は有声音なのだ）．

　この場合，喉が震えていない，つまり声帯振動が伴っていないということ
が確認できただろうか．次に，「か」に濁点をつけた「が」を構成している
[g] の発音を，同じく喉に手を当ててやってみよう．今度は，声帯振動があ

---

*1本書では，具体的な音を表すのに [ ] を使用する．これは音声表示 (phonetic represen-
tation) と呼ばれる．

るということが確認できるはずだ.

有声音・無声音の練習

喉に手を当てて，声帯が振るえているかどうか確認してみよう.

- [p, b]: pat, bat
- [t, d]: tip, dip
- [k, g]: kill, gill
- [f, v]: fat, vat
- [θ, ð]: thigh, thy
- [s, z]: sip, zip

声帯と有声音・無声音

- 喉頭には，食べ物などの異物が中に入らないように蓋を作っている喉頭蓋 (epiglottis) や，声門を二枚の筋肉で閉じることができる声帯がある.
- 声帯で声門を閉じ，声帯の振動を伴う音を有声音，伴わない音を無声音と呼んでいる.

　というわけで，濁点には，清音，つまり無声音を有声音に変える働きがある．声帯を使って発音していない音に対して，「声帯を使いなさいよ」と命令しているわけだ．こう考えれば，「た」や「か」に濁点がつくのに，「ま」や「わ」にはつかない理由も合点がいくはずだ．「ま」や「わ」は，もとから有声音であり，声帯を使って発音しているため，「声帯を使え！」という命令には意味がなく，濁点がつかないのである.

　この返答が反映している事実は，日本語の文法体系の中，つまり日本語を習得している人の頭の中では，[b] という子音と有声/無声のペアの相手を[h] という子音が作っていることだ（つまり，「ば vs. は」）．こういう音韻体系が日本語話者の頭の中にあり，そういった音韻体系，音韻に関する知識を

研究する分野が音韻論の目的であると言える．

　その一方で，この問いには別の側面から考えることも可能だ．今度は，発声方法と空気が阻害される位置に気をつけて，「ば」，つまり [b] を発音してみよう．この音は，両唇を使って呼気を破裂させることで作り出している音だ．次に，「が」，つまり [g] の場合について考えてみよう．同じように呼気を破裂させて発声しているが，その狭めを作っている場所は口の中のかなり奥（軟口蓋）であるということはわかるだろうか．少なくとも，両唇は使っていないということが確認できるはずだ．そして，濁点は声帯振動を伴う音だったから，濁点を取ったペアに当たる「か」，つまり [k] を発音してみよう．呼気を口の同じ箇所で破裂させて出す音だということが確認できるはずだ．

　今度は，「は」，つまり [h] を発音してみてみよう．何か気づくことはないだろうか．「ば」を発音した時には，両唇で呼気を破裂させたはずなのに，この音は声道全体で，空気を少しずつ摩擦するように出しながら発声する音ということがわからないだろうか．たとえば，[b] は空気を一度に破裂させてしまうので長い間発音できないが（「ばー」と伸ばしてみると，すぐに「あ」という母音要素が強くなってしまう），[h] はそれができそうだ．また，明らかに調音する箇所が違う．両唇ではなく，口のかなり奥（声門）を使用して発音しているということもわかる．というわけで，[b] のペアになれそうな，両唇を使って空気を破裂させて発音し，かつ声帯振動を伴わないで出す音は思いつかないだろうか．実は，「ば」のペアになる文字は「ぱ」であると考えることもできるのだ．そういうわけで，最初の問いでは，調音の位置と方法が同じだが，声帯振動の有無（有声音か，無声音か）のみが違うペアが問われていると考えれば，「ぱ」が正解であるということになる．これは，人間が言語の音声を使っている時に，何が起こっているのかを研究するという音声学的な観点から出した答えであると言うこともできる．

　音声学は，話者がどのように調音器官を使用して音を出しているのかを研究する調音音声学 (articulatory phonetics)，音声が空気の振動になり，聞き手の耳に伝わっていく様子を研究する音響音声学 (acoustic phonetics)，そして聞き手が空気の振動を通してどのように話者の言葉を知覚するのかを

研究する知覚音声学 (perceptual phonetics) といった分野に分かれる．調音音声学は音声学の基礎であり，調音音声学の知識がなければ，音響音声学や知覚音声学について考えることができないし，人間の発音のメカニズムを知ることは，言語（特に本書では英語）の発音の基礎について知ることでもあり，外国語の発音を向上させるよい訓練にもなる．そういうわけで，人間が音声を発している時に，何が起きているのかということについて深く考えていくことにしよう．

1.1　音象徴

1.1.1　バックグラウンド

いきなりだが，図 1.1 の動物は何と呼ぶだろうか．

図 1.1　ある動物

この本は日本語で書かれているので，おそらく「ウサギ」と思ったのではないだろうか．もちろん，英語学の話題だから「rabbit」だと思った人もいるかもしれない．それはそれで，別に問題はない．なお，フランス語ではlapin と呼ばれるし，中国語では tùzi だし，ドイツ語では Hase である．

ガヴァガイ？

余談だが，誰も日本語がわからない状況で，サファリを現地の人のガイドで観光していたとする．この動物がいきなり草むらから飛びだしてきて，元気に草をムシャムシャと食べている様子を指さして，ガイドが「ガヴァガイ！」と言ったとすれば，どう思うだろうか．

いちばん高い可能性は，この地域でウサギのことを「ガヴァガイ」と呼んでいるのだろうと思う，普通名詞の解釈である．もちろん，この特定のウサギを指す，固有名詞としての名前である可能性も捨てきれない．また，草むらから飛びだしてくる様子や，草を食べる様子の動詞表現がガヴァガイかもしれないし，このウサギの体毛の色を指してガヴァガイと言っているのかもしれない．ないしは，長い耳を指して言っているのかもしれない．このように，よくわからない言語の単語の意味を知るのは困難で，幼児は言語獲得の上で，どのように単語を習得しているのかという問題は，じつはそれほど明らかではない．この種の問題は，ガヴァガイ問題 (the Gavagai problem) として知られている．

では，質問の意図をあきらかにしよう．図に示した耳の長い草食動物にはいろいろな呼び名があるが，いろいろな言語でそれぞれ異なる音声的特徴を持っているということが確認できたはずだ．これに関して，現代言語学の基本的な知識として，言語記号の恣意性という概念についておさえておこう．

1857 年，スイスのジュネーブで「近代言語学の父」と呼ばれるフェルディナン・ド・ソシュール (Ferdinand de Saussure) という人が生まれた．彼はパリ大学やジュネーブ大学で教鞭をとり，印欧祖語*2に関する音韻構造の論文で大きな功績があった．

しかし，彼を一躍有名にしたのは，彼の講義録や講義ノートを集めて弟子

---

*2第 2 章で扱う．ヨーロッパ言語の祖先に当たる，想像上の言葉のことだ．

1.1 音象徴

たちが出版した『一般言語学講義』という本である.

　ソシュールは，言語は記号の体系であると考えた．そして，指し示す機能がある言語音声「能記 (signifiant)」，そして示される概念である「所記 (signifié)」との間には必然的な結びつきはなく，慣習により定められた恣意的 (arbitrary) な関係があるのみ，と考えた．すなわち，音声記号と，それが指し示す対象との間に必然的な結びつきはない，と考えたのである．そのため，言語が変われば，同じ動物を指し示していても「ウサギ」と呼ばれたり，「rabbit」と呼ばれたりするのである.

オノマトペ

いっぽうで，音声と，指し示す対象とのあいだに，必然的なつながりがありそうな現象もある．代表的なものに，オノマトペ (onomatopoeia) と呼ばれる擬音語，擬声語がある．これらは，現実に存在する音に似せているので，比較的両者の結びつきを想起するのは難しくない．ただ，現実の動物の声や音に似せて，意識的に発音しないかぎりは，両者の結びつきは恣意的なものにも思えてくる.

たとえば，犬の鳴き声は，日本語では「ワンワン」とされており，幼児語では「ワンワン」と鳴くことから，犬を「ワンワン」と呼ぶことがある．しかし，多くの幼児は，過剰な一般化により，四足動物をすべて「ワンワン」と言ってしまうことがある．ウサギやネコも「ワンワン」と言う幼児を数人知っているが，これらは，オノマトペもかなり恣意的で，慣習に支配されていることを示しているのだろう．また，必然性があるのであれば，英語でも「ワンワン」に近い音になっているはずだ．他にも，日本人の多くはキツネの鳴き声を「コンコン」であると認識しているが，実際のキツネの鳴き声は「コンコン」とは似ても似つかぬ音である．さらに，「テキパキ」や「ダラダラ」といった擬態語になると，結びつきに必然性があるのかどうかが，さらに難しくなってくる.

言語記号の恣意性とも関連して，オノマトペの研究も盛んなので，興味のある方は窪薗 (2017) などを参照してみてほしい．オノマトペは日本語に特有の現象ではなく，現在も色々な種類のものが出現してきているということがよくわかる．

　言語記号の恣意性という考え方は，かなり浸透しているので，現代言語学においては「常識」や「前提」として扱われることが多い．それだけ重要な概念を提示したわけだから，ソシュールの影響は大きいわけである．そういうわけで，音じたいに特別な意味はないという考え方は，ある種，支配的でもあるわけだが，かならずしもそうではないという現象について，いくつか考えていくことにしよう．

1.1.2　音象徴

　以下の図 1.2 を見てもらいたい．どちらかが「マル」で，どちらかが「ミル」と呼ばれるものだとすれば，どちらが「マル」でどちらが「ミル」と思うだろうか．

図 1.2　マルとミル

1.1 音象徴

この実験は，20 世紀の初期，アメリカでアメリカ構造主義言語学という学派にはいったものの，少々異端児であったエドワード・サピアによって行われた実験である．[*3] サピアによれば，[mal] のほうが大きいほうを指し示す傾向が 4 倍ほど強かったということである (Sapir, 1929)．また，この結果は，年齢や母語も影響しないという報告であった．筆者もこの絵を見せて，学生に判断させるという簡易実験を授業で毎回行っているが，多数の学生が，大きいテーブルの絵を「マル」，小さいテーブルの絵を「ミル」と判断しており，逆の判断をする学生の方が少数派だ．[mal] が [mil] より大きいものを指すという傾向は，現在の日本語環境でも当てはまるようだ．

この種の，音そのものがある特定のイメージを喚起する現象は，「音象徴 (sound symbolism)」と呼ばれている．音と指し示す対象との関係が恣意的であるとする，ソシュールの原則からは外れるものである．[*4]

この二種類の疑似単語を，音声的に分析してみよう．[m] と [l] は同じであり，母音の [a] と [i] が違うことから，これらはミニマルペア (minimal pair) と呼ばれるペアである．要するに，余計なファクターを除去し，一箇所，調べたい部分だけが違うペアになっているものである．言語学ではよく使われる概念だ．まず，[i] という音について分析してみよう．

川原 (2015) でも指摘されているが，英単語では文末に ·y [i] がつくと，「かわいい，愛らしい」といったニュアンスが出る．この種の現象は幼児語に多い．たとえば， blanket「毛布」 → {blankie, blanky} といったぐあいだ．もちろん，語尾に [i] がついている右側が，かわいらしい雰囲気が感じられるものだ．似た現象は，日本語でも観察できる．日本語の拗音「ゃ，ゅ，ょ」がついた擬音語・擬態語も，愛らしいニュアンスを持つ．たとえば，「ぴょこぴょこ」，「ちょこちょこ」といった擬態語は，かわいらしい動物の存在を想起させる．大きい象やライオンが「ぴょこぴょこ」，「ちょこちょこ」と動

[*3]アメリカ構造主義言語学におけるサピアの評価に関しては，上田功先生のコメントが参考になった．

[*4]また，音象徴に関しては，心理学におけるブーバ・キキ効果というのが有名だ．曲線の図形がブーバで，ギザギザの図形がキキであると考える人が多い，という効果のことである．

いているとは考えにくい.

[a] は口を大きく開けて発音する傾向にあり，よく響く声が出しやすい.
いっぽう，[i] は小さく開けて発音されるが，そういう身体的経験が，音のイ
メージにつながっている可能性があるのかもしれない. ふだんから，体を大
きく使って活動しているさいに出す音は，やはり力強く，大きなものの存在
を想起させやすいし，逆に小さい声のものは，小さくてかわいらしいものの
存在を想起させやすい.

他にも，たとえば，自分が恐ろしい怪物に襲われている場面を想像してほ
しい. 武器としては，木刀か金属バットを持っているとしよう. その怪物と
闘うとき，声を出して殴りかかる場合，どのような声を出すだろうか（怖く
て動けない，というのはなしにしてほしい. 「ガンガンいこうぜ」である）.

「あーっ！」や，「おーっ！」，「オラオラオラオラオラオラオラオラ！」，
「キェー！」といった声であれば，強い力が出せそうな気はしないだろうか.
ここで出す声が「いーっ！」なら，ちょっと拍子抜けな感じだ. 「いーっ！」
などと言って敵と戦うような人たちは，筆者の知るかぎり，仮面ライダーに
出てくるショッカーの戦闘員だけだ. じっさい，彼らはライダーに蹴散らさ
れる存在であり，ラスボスであることはない. ライダーを苦戦させるような
強敵であれば，「いーっ！」以外の叫び声を出すはずである.

という話を聞けば，音象徴の妥当性についても 頷 けるのだが，この仮説
にはいくつか問題がある. まず，日本語のかわいい（とくに女性，アイドル
など）人に対しては，「〜たん」，「〜らん」といった語尾がつくように思わ
れるが，これらには [a] が含まれている. 大きめの口で発音しているような
気もするが，「ゴジラたん」や「ティラノサウルスたん」といった呼び名は，
少々形容矛盾のような雰囲気がある.

もう一つ見逃せないのが，Diffloth (1994) による研究である. ベトナムの
少数民族が話す言葉であるバナール語 (Bahnar) においては，[i] と [u] が大
きいもの，[ɛ] や [ɔ] が小さいものを指示する例が非常に多く，英語の big vs.

1.1 音象徴   11

small の対立もこの反映である可能性が示唆されている．たしかに，「大き
い」ほうの big に [i] が含まれているし，「小さい」ほうの small に [ɔ]「オ」
が含まれている．要するに，音象徴といえど，個別言語の慣習からは逃れる
ことができていないのかもしれないのである．

　母音ごとの音象徴的な現象について，もう一つ付け加えてこの節を終えて
おこう．次の節で詳しく説明するが，母音は，呼気が声道を比較的自由に流
れていく音のことをいう．そのうち，舌が前の位置のほうで発音される母
音を前舌母音，後ろの位置で発音される母音を後舌母音と呼ぶ．[*5]

- 前舌母音 [i], [e]
- 後舌母音 [o], [u]

　これら母音が喚起するイメージにはどのようなものがあるのかについて，
無意味語を使用した Strambini 他 (2012) の研究を紹介しておこう．彼らに
よれば，母音は/i/ < /e/ < /a/ < /o/ < /u/[*6]の順で，小さいものから大
きいものへと関連づけられる結果が得られた，という．[*7] 前舌母音が小さい
もの，後舌母音が大きいものを連想するというふうに言い換えてもいいのか
もしれない．

　このように，音象徴はある種の傾向を反映している．また，音象徴の実験
は，かなりはっきりした結果がわかる簡潔な実験であるが故に，万能な感じ
もする．有名なところでは，Imai et al. (2008) による実験では，「のすのす」
という疑似の擬態語が，非日本語母語話者にも「ゆっくりと重い足取りで
動く様」を修飾しているように感じられたという報告や，Lockwood et al.
(2016) では「ぶくぶく」が非日本語母語話者にも「太っているもの」を指

[*5]日本語では，前舌母音の [a] と後舌母音の [ɑ] を区別しないせいか，「あ」は前舌母音の時
もあれば，後舌母音の時もあり，中間の場合もある．混乱を避けるため，とりあえず「あ」は
無視しておくことにする．

[*6][ ] と//の違いについては 1.4 で説明する．

[*7]日本語でいちばん大きいものと連想されやすい母音は，オノマトペの傾向から考えれ
ば/o/である可能性が高いようである（秋田喜美先生 p.c.）．

し示す傾向があったことが報告されている．こういったことから，音にも意味があるのだと考えてみたくなる衝動に駆られるのも事実だ．しかし，この種の音象徴とされる現象は，自然に存在しない疑似語での効果は控えめであり，かつ分節音のレベルだけではなく，プロソディーなど超分節の現象まで考慮に入れて初めてそれなりに効果があるという Dingemanse et al. (2016) らの研究は注目に値する．ある種の音は，ある程度，使用する場面が決まっている場合に，特定の意味を持ちやすくはなるのだろう．しかしながら，音象徴の効果が普遍的なものかどうかについては，もう少し慎重に研究を進めるべきであるように思われる．

1.2　50 音図とサンスクリット

　50 音図はとうぜん知っているだろう．ひらがなやカタカナは漢字を崩して作った日本特有の文字だが，50 音図じたいは，悉曇学という梵字（サンスクリット語）の研究に由来しており，代表的な研究者がパーニニ (Panini) である．パーニニは，紀元前 4 世紀頃にインドで活躍した言語学者であり，非常に精緻で高度な研究を行ったことで有名である．*8

　悉曇学は中国に伝えられ，その後，日本にも伝わった．遣隋使，遣唐使に同乗していた僧侶たちが学んできたわけだが，かの有名な空海も学んでいる．50 音図は，天台宗の僧であった明覚により，記されたと言われている．

　余談だが，当時の僧侶は単に仏道に仕えるというだけではなく，医術や学問，語学などにも長けており，医者や学者としての側面もあった．キリスト教圏の国々でも似た事情があるのは有名な事実だが，宗教は学問と密接につながってきたのである．それでは，この節では 50 音図に隠された秘密を紹介していこう．

---

　*8ノーム・チョムスキー (Noam Chomsky) が，最初の生成文法 (Generative Grammar) はパーニニが行っていたと，よく言及している．

1.2.1 調音点と調音法

50 音図について述べる前に，呼気がどこで操作されるのか（調音点）という問題と，どのようにして出されるのか（調音法）という問題について，詳しく考えていくことにしよう．

調音点

子音は調音器官の中で，何らかの形で音の阻害を伴う音のことだ．子音を発音するとき，声道を通っていく空気は狭められ，阻害される．そのさい，口のどの位置で狭めが起きているのかという調音点 (point of articulation) と，どのように狭めを行うのかという調音法 (manner of articulation) がとても重要になる．まずは，子音を発音しながら，口のどの位置で発音しているのかを意識してみよう．

> 「か，た，ぱ，か，た，ぱ」と発音してみましょう．

じっさいに口を動かせばわかると思うが，どうだっただろうか．ちょうど，口の奥のほうから前のほうに調音点が移動していくのが感じられたのではないかと思う．もういちど，じっさいに声を出して確認してみてほしい．これらの調音点についてまとめると，以下のようになる．また，調音器官について書かれた図 1.3 にも注目しておいてほしい．

- 「か」を発音するときは，舌が口の天井の奥の柔らかい箇所（軟口蓋 velum）につく．舌先は中に浮いたまま．
- 「た」のときは，舌の中心が口の天井（口蓋 palate）にくっつく．舌先は上の前歯の歯茎と舌先のあいだ．
- 「ぱ」のときは，両唇が閉じる．

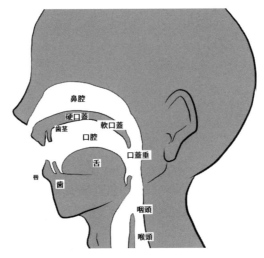

図 1.3 調音器官

―調音器官―

1. 唇 (lips)：呼気の出口
2. 歯 (teeth)：調音に関しては，上の歯を中心に考える．
3. 歯茎 (alveolar ridge)：前歯の裏側に当たる．
4. 硬口蓋 (hard palate)：歯茎の後ろにある窪みから後ろ．その名の通り，少し硬い．
5. 軟口蓋 (soft palate)：硬口蓋の後ろにある骨のない柔らかい部分．
6. 口蓋垂 (uvula)：下に垂れ下がっている蓋の役割があり，咽頭にくっついて咽頭から鼻腔への呼気を遮断することができる（いわゆる「のどちんこ」）．
7. 喉頭 (larynx)：気管の上部にある軟骨のかたまりで，中に声帯を含む．声帯は喉頭の中の両側についているひだのことで，声帯と声帯の間にある隙間は声門と呼ぶ．
8. 舌 (tongue)：調音に関しては，舌の先端 (tip)，左右の平らな端 (blade)，前 (front)，後 (back)，咽頭に面した舌根 (root) が区別されることがある．

1.2 50 音図とサンスクリット

　両唇は問題ないだろう．唇は上下に一つずつ，合計で二つあるはずだ．その後，じっさいに自分の舌を口の天井に沿って，ずっと奥のほうまで辿っていってほしい．最初は硬い感じがして，途中でこぶのようなちょっとした出っぱりがあり，その後，奥のほうで柔らかい箇所が確認できるだろう．「た」はちょうど硬い位置で呼気が破裂し，「か」は柔らかい位置で破裂するのだ．ところで，麗しい例であるとは言いがたいが，喉に痰が詰まったとき，「か，た，ぱ」のどの音を出せば痰が出せそうだろうか．「かーっ！」という音でも連想できる通り，「か」がいちばん容易である．この中では，喉のいちばん奥の位置だからだ．逆に「た」や「ぱ」という音を出して，痰を出すのはかなり難しそうだ．というわけで，調音点に基づいてこれら三つの音を区別すると，以下のようになる．

- 「か」は軟口蓋音 (velar)
- 「た」は歯茎音 (alveolar)
- 「ぱ」は両唇音 (bilabial)

　次にいこう．また発声位置に気をつけて，以下の音声を出してみよう．じっさいに発音して体験してほしい．[9]

「ぱ，ま，わ，ぱ，ま，わ」と発音してみましょう．

　では，続けてやっていこう．

「さ，た，な，ら，さ，た，な，ら」と発音してみましょう．

---

[9]「わ」に関しては違和感を持つ人もいるかもしれない．後述するが，発音記号では [w] と表されることもある．これは両唇軟口蓋接近音と呼ばれ，日本語の「わ」と似ているが，唇を円唇化させ，丸めるという特徴が異なっている．また，軟口蓋接近音の [ɯ] と扱われることもあるが (加藤・安藤, 2016)，個人的には直感に合わないような気がする．本書では両唇接近音 [β] として扱い，両唇で発音していると考えることにする．

もうひとふんばりだ．次はこの二つ．微妙に「違う」のだが，わかるだろうか．

> 「や，か，や，か」と発音してみましょう．

最後の仕上げだ．

> 「か，さ，た，な，ぱ，ま，や，ら，わ，か，さ，た，な，ぱ，ま，や，ら，わ」と発音してみましょう．

というわけで，調音点についてまとめてみよう．表 1.1 のようになる．

調音点	50 音
両唇音 (bilabial)	パ行 (p)，マ行 (m)，ワ行 (w)
歯茎音 (alveolar)	タ行 (t)，ナ行 (n)，サ行 (s)，ラ行 (r)
硬口蓋音 (palatal)	ヤ行 (y)
軟口蓋音 (velar)	カ行 (k)

表 1.1　調音点まとめ

このとおり，まずは調音点に基づいて，両唇音の三つの音，次に歯茎音の四つの音，硬口蓋音と軟口蓋音の一つずつを発声してもらったわけだ．この演習では，調音点が口の前から後ろのほうに移動していくということを確認してみたのである．なぜか「は」ではなく，「ぱ」と発音しているが，気にしないで続けていってほしい．この理由に関しては，最初の問いでも触れたがこの後で説明する．

とりあえず，調音点についてはここで終わっておいて，次に調音法に関する話に移ることにしよう．

1.2 50音図とサンスクリット 17

調音法

次は，発声の方法について考えていくことにしよう．

「か，た，ぱ，か，た，ぱ」と発音してみましょう．

今度はどのような方法で発音しているか，意識できていただろうか．これら三つの音は，閉鎖音 (stop)，ないしは破裂音 (plosive) と呼ばれる音である．声道で空気を完全に止めることによって発音される音，ないしは，音を急に閉鎖した後，破裂させることによって出す音である．一気に空気を止めてしまうので，長いあいだ音を出すことができないという特徴がある．「かー」も「たー」も「ぱー」も長音で発音すれば，すぐに母音の [a] になってしまうことが確認できるだろう．[k], [t], [p] だけでは長く発音できないはずだ．それでは，次の発音にいってみよう．

「さ，しゃ，さ，しゃ」と発音してみましょう．

今度は，声道を完全に閉鎖させるわけではないが，調音点での呼気の流路が狭いため，持続的な乱気流を起こすタイプの音である．これは摩擦音 (fricative) と呼ばれている．イメージとしては，摩擦音はホースの口の真ん中を押さえ，両脇の小さな隙間からシューっと水を出し続けているような感じである．そのため，閉鎖音・破裂音は長時間発音しつづけることは難しいが，摩擦音は容易である．小さい子供に「静かにしようね」という意味で，「シーッ」と一定時間音が出せるのは，この音が摩擦音という性質を持っているからだ，ということになる．次は，少々トリッキーな発音の仕方だ．

「か，た，ぱ，か，た，ぱ」と発音してみましょう．続けて，「な，ま，な，ま」と発音してみましょう．次は，鼻をつまみながら「か，た，ぱ，か，た，ぱ」と「な，ま，な，ま」と発音してみましょう．

鼻をつまみながら「な，ま」と発音するのはつらかっただろう．うまく声を出せない鼻声になってしまったはずだ．これらの音は，鼻音 (nasal) と呼

18 第1章 音声学・音韻論

ばれ，口蓋垂を垂らしたままにして咽頭につけず，鼻腔から呼気が通ることで発音される音だ．鼻から空気が通っているので，鼻をつまみながら「な，ま」と発音するのは難しかったわけである．空気は一度に出すので，閉鎖音・破裂音と似た調音法である．それでは，ぼちぼち仕上げの一歩手前の話だ．

> 「や，ら，わ，や，ら，わ」と発音してみましょう．

前の節で母音について少しだけ扱った．母音とは，声門を通ってきた空気の流れが，口の中を比較的自由に流れて出ていく音だ．また，声帯を閉じて発音するので，母音はデフォルトで有声音である．子音はこれまでこの節で扱ってきた音だが，口のどこかで空気の阻害を伴うのが普通だった．しかしながら，母音と子音の特徴は連続的で，ちょうどその境界にあたる音は，明確な区別がつかないこともある．「や，わ」は半母音とも呼ばれ，「ら」は弾き音 (flap)/たたき音 (tap)[*10] であるのが基本だ．[*11] これらは母音よりは声道が狭められるが，摩擦が生じるほどには狭められないという特徴がある．それでは，最後の仕上げに入っていくこととしよう．

> 「か，さ，た，な，ぱ，ま，か，さ，た，な，ぱ，ま」と発音してみましょう．

そろそろ発声練習にも慣れてきただろうか．そして，文字の並びの位置の理由にも気がついてきてもおかしくはないところだ．

今度は，調音法よりもやや大まかな分類法を提示していこう．まず，「な，ま，や，ら，わ」の音はすべて，共鳴音 (sonorant) と呼ばれる仲間としてまとめられる．これらは，声帯が振動する音を声道内で共鳴させることによって作られる音の総称である．逆に，「か，さ，た，ぱ」は阻害音 (obstruent) と呼ばれる音で，調音器官による音の妨げによって調音される子音である．

[*10] 呼び名が違うが，本書では区別しないものとする．
[*11] 1.3.3. と 1.3.4 の記述も参照のこと．

1.2 50音図とサンスクリット

というわけで，調音法について表にまとめると，以下のようになる．

	阻害音		共鳴音	
	破裂音	摩擦音	鼻音	接近音
例	パ行 (p) タ行 (t) カ行 (k)	サ行 (s) シャ行 (sh)	マ行 (m) ナ行 (n)	ラ行 (r) ヤ行 (y) ワ行 (w)

表 1.2　阻害音と共鳴音

それでは，50音図に隠された謎を解く前に，ハ行の問題について解決することにしよう．

ハ行

いきなりだが，日本語のハ行の音は，上代日本語のころには半濁音のパ行の発音であったと言われている．50音図が成立したのは，悉曇学の影響であるため，「は」ではなく，「ぱ」と発音してきてもらっていたのである．ハ行が半濁音で発音されていたとされる間接的な証拠は，いくつかある．たとえば，ひよこの擬声語・擬態語は「ぴよぴよ」であって，「ひよひよ」ではないし，ひかりが光る様子を表す擬態語は「ぴかぴか」であって，「ひかひか」ではない．これらは，ひよこが「ぴよこ」，ひかりが「ぴかり」と発音されていた名残であると言われている．[*12]

- ひよこ → ぴよぴよ
- ひかり → ぴかぴか

他にも，以下に示すような謎解きがあるのだが，その理由はわかるだろうか (高山他, 2016).

[*12]オノマトペにはハ行がパ行であった名残があり，「カタカタ vs ガタガタ」，「サラサラ vs. ザラザラ」のように清音と濁音でペアを作るようなものも，ハ行では「ペラペラ vs ベラベラ」，「ポタポタ vs ボタボタ」という形でパ行だったことがわかる (沖森他, 2010).

- ナゾタテ二日，母ニハ二度アフテ、チチニハ一度モアハズ　クチビルトトク（『体源抄』, 1512）
- ははには二度あひたれども父には一度もあはず　くちびる（「後奈良院御撰何曾」, 1516）

　単に「ちち」，「はは」と発音していても何もわからないと思われるが，「はは」の発音は実は「ぱぱ」であったと考えれば，合点がいくのではないだろうか．つまり，「ぱぱ」の音は [p] で表される両唇音なので，「ぱぱ」と発音することで，唇を二度合わせることになるのである．昔は，「ぱぱ」は母親を指していたのだ．

　他にも興味深い例はある．民俗学者の柳田国男が方言周圏論と呼んだのだが，元々は京都など中心的な場所で流行っていた言い回しや発音がしだいに周辺に広まっていき，都では廃れてしまったのに，周辺地域に昔の言い回しや発音が残るという現象がある．たとえば，沖縄の八重山方言では「歯」を pa，「花」を pana，「蠅」を pai，「墓」を paka という発音が残っている．これらは昔，パ行で発音していたことの名残であるとも考えられる．

　最後になるが，悉曇学を学んでいた円仁（慈覚大師）の記述を紹介しておこう．サンスクリット語の pa について，以下のように記述している．

『唇音，以本郷波字音呼之，下字亦然，皆加唇音　（円仁（慈覚大師）の「在唐記」（842 年頃））』

　「本郷」つまり「我が国」では，「波字」を「加唇音」，つまり，ハ行の音を唇を加える音で発音していたという記述を，確かに残しているのである (高山他, 2016)．というわけで，上代日本語から中古日本語にかけては「は」ではなく，「ぱ」と発音していたということがわかる．*13

---

*13奈良時代や平安時代は半濁音で発音していたが，室町時代に徐々にハ行に変わっていったようだ．寛永三年（1626 年）の『仮名鑑』に「はひふへほ　唇あはず　まみむめも　くちびるあふ」という記述が見える (近藤他, 2005)．

1.2 50音図とサンスクリット

前節の話を思いだしてもらうと，日本語の濁点は無声音を有声音に変える働きがあると言ったが，「ぱ」の子音部分，つまり [p] を有声音にすると「ば」，つまり [b] になるということがわかるだろう．それでは，50音図に隠された秘密を明かしていくことにしよう．

ハ行

なお，ハ行の音はその後，近世では「は」と発音したり，「ぱ」と発音したり，表記上は区別しなかったようだ．「晴れ」は「はれ」，「天晴れ」が「あっぱれ」では，区別のしかたが難しい．ちょうど1600年ごろ，ポルトガル人宣教師が日本にやってきてキリスト教を広めようとしたときに，この問題に直面し，半濁音を区別するために小さな丸記号を使うようになったのが最初と言われている．この辞書は日葡辞書と呼ばれ，当時の日本語の様子がわかる貴重な資料となっている．

50音図

今から50音図の分析に入る．

- か さ た な ぱ ま や ら わ

まずは，調音法で分けると「ま」と「や」のあいだで境界線が引ける．接近音は子音の中でも，空気の阻害がほとんどない音だったことを思いだそう．これらは母音に近い仲間である．

- か さ た な は ま ｜ や ら わ　（接近音）

続けて，接近音以外の部分を調音点で分けると，次のようになる．ちょうど，口の後ろから前に向かって配列されているということがわかる．

- か　（口蓋音）｜さ た な（歯茎音）｜ ぱ ま　（両唇音）

接近音の部分も，調音点で分けると次のようになる．やはり，口の後ろのほうから，前に向かって配列されているということがわかるだろう．

- や　（口蓋音）　｜ら　（歯茎音）｜わ　（両唇音）

　このように 50 音図は，音声学的な根拠に基づいて体系的に並べられているということがわかる．これだけ規則性のある配列を行うことができたということは，サンスクリット文法の水準がそれだけ高かったという証左である．当時，かなり高度な音声学の知識が発達していたからこそ，このようなまとめ方を行うことが可能になったのだろう．こういった美しいシステムを習うことも，言語学の醍醐味の一つであると言える．

母音

　50 音図の配列を利用して，子音の特徴を調音点・調音法という観点から分析してきた．ここでは，母音を発音するときの舌の動きを確認しておこう．

> 「あ，い，あ，い，あ，い」と発音してみましょう．

　子音が口腔のどこかで狭めや閉じを作り，呼気を阻害することで発声する音なのに対して，母音は基本的に空気の阻害をあまり作らず，舌の位置と口腔の開き度合いで表現される音だ．また，「あ」の時には口腔が大きく開き，「い」の時には口腔が狭くなるというのを確認して欲しい．そして，舌の動きが確認できるだろうか．特徴をまとめると，以下のようになる．

- 「あ」のときに顎が開き，舌の位置が低くなる．
- 「い」のときに顎が閉まり，舌の位置が高くなる．

　極端な特徴を持つ二つの母音を確認したが，続けて，以下の発音にいってみよう．

> 「あ，え，い，あ，え，い」と発音してみましょう．

　今度は，「え」の口の開き度合いが「あ」と「い」の中間くらいであるというのが確認できただろうか．そして，母音は口腔の開き度合いで区別され，この口腔の開き度合いは舌が高いと狭くなり，低くなると広くなる．つま

1.2 50音図とサンスクリット

り，舌の高低と反比例の関係になる．このため，母音の特徴を記述するさいには，舌の高低に注目するか，口腔の開き度合いに注目するかで呼び名が変わることがある．まとめると，以下のようになる．

- 「あ」のときに顎が開き，舌の位置が低くなる．→「広母音」，「低母音」と呼ばれる．
- 「い」のときに顎が閉まり，舌の位置が高くなる．→「狭母音」，「高母音」と呼ばれる．
- 「え」の時には顎の位置が中間になり，舌の位置が中間になる．→「半狭母音」，「中母音」と呼ばれる．

次に以下の発音練習をしてみよう．

「い，う，い，う」と発音してみましょう．次に，「え，お，え，お」と発音してみましょう．

発音している時の舌の位置に注目してほしいのだが，「い」の時には舌が前に出て，「う」の時には舌が後ろに下がっているのが確認できただろうか．また，「え」も舌が前に出て，「お」では後ろに下がっている．このように母音は舌の前後位置でも区別することができる．

1. 「い，え」が前舌母音．
2. 「う，お」が後舌母音．

総括すると，以下のようになる．[14]

---

[14]既出だが，日本語の「あ」は後舌母音の時も，前舌母音の時もありうる．

	前舌母音	後舌母音
高母音	い	う
中母音	え	お
低母音	（あ）	（あ）

表 1.3　母音の分類

　このほかに，母音では円唇性に注目されることがある．「う，お」と発音
してみよう．すると，唇が丸まることに気づかないだろうか（特に「お」の
方でそれが顕著なはずだ）．このように調音時に唇の丸まりを伴うような母
音は「円唇母音」と呼ばれる．「あ」の時には円唇性がないので，比べてみて
ほしい．また，「い」を発音するときには唇は横に広がる．「いーっだ！」と
拗ねた声を出している人の口を思い浮かべれば，真一文字の形が頭に浮かぶ
のではないだろうか．そして，母音を特徴付ける要素として緊張 (tense) と
弛緩 (lax) の対立もあるが，これは次の記述音声学の説明で戻ってくること
にしよう．

　50 音図を使って，母音と子音に関する話を展開してきたが，新しい情報
も踏まえて，基本的な用語についてまとめておこう．

1.2 50 音図とサンスクリット

― 基本のまとめ ―

- s, f, i, sh など，一つ一つの音声単位を分節音 (segmental sound) と呼ぶ.
- 個別の音を越えて，単語や句の音の高低，強さ，長さ，イントネーションなどに関した特徴を，超分節 (suprasegmental) と呼ぶ. たとえば，文末のイントネーションが上がると疑問に解釈されたり，日本語のように長音か否かが意味の違いにつながったり（なお，英語ではあまり意識されない. このため，英語母語話者がたとえば「ゆき」と「ゆうき」という日本人の名前を区別するのは非常に難しく，同僚も苦労している），中国語のように音調が意味の違いにつながったり，強勢の位置で意味や品詞が変わったりする現象のことだ. 強勢に関しては，1.6 で扱う.
- 声帯を何回震わすかで，声の高さ (pitch) が調整できる.[15]
- 鼻腔，口腔，咽頭を声道 (vocal tract) と呼び，この部分で音の区別が作り出されることを調音 (articulation) と言う.

続けて，以下の情報についても追加しておこう. 母音の種類は，日本語では五種類あったが，窪薗 (1999) によれば，通言語的，つまりいろいろな言語では以下の事実も知られている.

― 母音の特徴 ―

- 最も基本的な母音は「あ」と言われている.
- 次に基本的なのは「い」と「う」であると言われている.（カリフォルニア大学の音声データベース UCLA Phonological Segment Inventory Database (UPSID) によれば，25 言語の母音が「あ，い，う」だけである. このなかにはアラビア語など有力言語が含まれている. また，日本語の琉球方言も母音がこの三種類しかないことが知られている.）

---

[15]男性は太め，女性は細めである. 声の高低はこの声帯の特徴から来ていると考えられている. 試しに輪ゴムをピンと張って，ギターや三味線を弾くみたいにしてみよう. 太いゴムのほうが低い音のように聞こえたりはしないだろうか.

「基本的」というのは，その母音の獲得が早く，使用頻度が高いということだ．また，「あ」よりは基本的ではない「え」のような母音が使われる言葉において，「あ」が存在しうることを意味する．

母音と子音の発音の基本的な仕組みがわかったところで，これらの音を記述する方法について考えていくことにしよう．ようやく，英語の音声の話である．[*16]

1.3 音声の記述

音声の基本的な特徴については今までの説明で理解できたことになるが，これを国際音声記号 (International Phonetic Alphabet, IPA) で書く練習をしていくことにしよう．これは国際音声学協会 (International Phonetic Association) が中心となって作ってきた音声の記述方法であり，世界で広く採用されている．website を覗いてみれば，現在の世界中の言語で使用されている音を記述するのに必要なチャートが，無料でダウンロードできる．なお，記号ごとの音声を聞くことができるサイト (http://www.internationalphoneticalphabet.org/ipa-sounds/ipa-chart-with-sounds/) もあるので活用しながら，記号を見ただけで音声を再現することができるようになろう．または，言語音声を聞いて，記号で書く練習もしていきたいものだ．

しかし，アルファベットは表音文字なのだし，発音記号なんて面倒くさいことを覚えなくてもいいのでは，という見解もあるかもしれない．これに関しては本書の後半で触れるが，英語の綴りと発音との隔離を考えなくてはならない．たとえば，[s] という音は sun という単語で<s>で表すこともあるが，[centre] では<c>が [s] を表すこともある．この種の発音と綴りの隔

[*16]日本語の 50 音を使用して，発音について説明する方法は窪薗 (1999); 大名 (2014); 川原 (2015) を参考にした．また，音象徴を音声学の説明のきっかけにするのは，川原 (2015) に影響を受けた．

1.3 音声の記述

離を皮肉った，アイルランドの著名な劇作家であるジョージ・バーナード・ショー (George Bernad Shaw) の以下の発言は有名である．

---

ghoti は fish と読める．なぜなら，<gh>は [f] (enough)，<o>は [i] (women)，<ti>は [sh] (nation) だから．

英語は綴りと発音の対応関係が分かりにくいことで悪名高い．英語のアルファベットを用いて発音を表すことが難しい理由を三つ挙げると，以下の通りになる．

- 異なる文字を使って，同じ音を表すことがある．[i] で考えれば，sea, see, scene, machine の下線部が同じ音である．
- 同じ文字を使って，異なる音を表すことがある．以下の a は全て異なる発音である．all, apple, any, age.
- 黙字といって，発音しないのに綴りには反映されているものがある．knight, doubt, though, island など．

国際音声記号で表される音は，曖昧性を排除するために一対一対応になっており，上記の問題はなくなる．また，IPA で表される音は分節音であり，これは音を構成する基本的な単位となる．国際音声記号にしたがって，英語と日本語で主に使用される子音をまとめると，表 1.4 の通りになる．縦の列 (column) は，調音法にしたがって並べられてある．上から，空気の遮断が大きい順に並べてあり，いちばん遮断が少ない接近音は母音に近い音だ．そして，横列 (row) が調音点であり，ちょうど左側が口の前で，徐々に喉の奥に行く，という並びで配列されてある．また，二つの記号が並列されている場合，右側が有声音で左側が無声音になっている．[*17]

[*17]なお，本書では扱っていないが，正式な IPA には含まれているそり舌音 (retroflex) だけは横列に配置されているが，調音点ではなく，発音の方法，ないしは舌の形状に従って特徴づけられている音である．舌をそりかえらせ，舌尖を後部歯茎から硬口蓋付近に接触・接近させて発音する特徴がある．

表 1.4 IPA による子音

	両唇音	唇歯音	歯音	歯茎音	後部歯茎音	硬口蓋音	軟口蓋音	口蓋垂音	咽頭音	声門音
破裂音	p b			t d			k g			ʔ
鼻音	m	ɱ		n				ɴ		
ふるえ音				r						
弾き音				ɾ						
摩擦音	ɸ β	f v	θ ð	s z	ʃ ʒ					h
接近音	(w)	ʋ		ɹ		j				
側面接近音				l						

1.3 音声の記述

それでは，次節以降で，調音法にしたがって音声に関する説明をしていくことにしよう．

1.3.1 破裂音/閉鎖音

破裂音，ないしは閉鎖音と呼ばれる子音は，口腔で完全に呼気の流れを遮断してしまう音のことだ．口腔で空気を閉じ込めてしまうか，閉じたことによって空気の破裂が起こるかで捉え方が異なる．英語で使用される破裂音 (plosive)（または閉鎖音 (stop)）は，以下の通りである．[18]

	両唇音 (bilabial)	歯茎音 (alveolar)	軟口蓋音 (velar)	声門音 (glottal)
有声音 (voiced)	b	d	g	ʔ
無声音 (voiceless)	p	t	k	

表 1.5 英語の破裂音

破裂音が使われている単語例

- [b]: big, globe, bubble
- [p]: pet, tip, spit
- [d]: day, card, cloud
- [g]: give, bag, finger
- [k]: keep, school, critique
- [ʔ]: uh·oh, button, curtain (glottal stop)

有声音と無声音は，英語ではそれぞれ別の音素と認識されているので，この違いは，そのまま異なる意味の単語に反映される．たとえば，pit と bit，hat と had，locking と logging では [p t k] と [b d g] の差が，そのまま異なる単語につながっている．この種の，意味の違いにつながりうる，ある音素を別の音素と区別する音韻的特徴は，弁別素性 (distinctive feature) と呼ばれる．また，[p t k] はすべて無声音であり，破裂音である共通の特徴をもつ

---

[18] 以下，音の分類と記述は Ogden (2017) に基づく．そのため，とくに断りがなければ容認発音 (Recieved Pronouciation, RP) が基本になる．容認発音については 3.1.1 で後述する．

自然類 (natural class) であるといわれることがある.

　有声音の前にある母音は長く，無声音の前にある母音は短く発音される傾向にあるので，heat [hiˑt] と heed [hiːd] といった発音になる．ː は長母音にするという記号で，ˑが普通母音と長母音の中間，「ちょっと伸ばす」という記号だ．微妙な差なので，長母音だけを覚えておけばいいかもしれない.

　なじみがないのは声門破裂音の ʔ かもしれないが，*19これはとくにイギリス英語で多用される．たとえば，驚きを表すさいの uh·oh [ˈʌʔoʊ] だとか，button [bʌʔn] でも出現する．他にも all の前で挿入され，[ʔɔːl] となったり，文頭の that が [ðat] の代わりに，[ʔat] と発音されたりすることもよくある．また，スコットランド英語では the を [ʔ] と発音するのが特徴的である．そのため，スコットランド英語は，喉で何かがつっかえているような感じに聞こえることがある．声門破裂音は，ちょうど喉の奥で息を止めてしまうような感じで発音するのがコツだ．たとえば，声門破裂音が t のところで混じる a bottle of water は，片仮名で書くと「ア　ボォ　オブ　ウォオ」といった雰囲気に聞こえる.

　absolutely の [t] も，声門破裂音に代わって，[æbsəluːʔli] となることがある．<t>の前に [u] という母音があり，後ろに [l] という子音が続くと，声門破裂音として発音する話者は増えるようだ．<t>の前後とも母音である water の<t>も声門破裂音になることがある．また，語尾に<t>がくる，not, that の [t] も声門破裂音に代わることがよくある．ただし，語の末尾の<t>の直前が無声音であれば，声門破裂音に代わることはなく，west [wɛst]の<t>は普通に発音される.

1.3.2　鼻音

　調音法は破裂音/閉鎖音とほぼ同じだが，口蓋帆を下げて，鼻腔からも呼気を出す音を鼻音と呼ぶ.

---

*19日本語では美味しいものを食べたときの「うまっ [umaʔ]」などの促音の「っ」が，これに該当する音だ.

1.3 音声の記述

両唇音 (bilabial)	歯茎音 (alveolar)	軟口蓋音 (velar)
m	n	ŋ

表 1.6　英語の鼻音

鼻音が使われている単語例

- [m]: make, lamb, him
- [n]: nation, snow, clown
- [ŋ]: king, simmer, singer（英語では語頭に来ない音）

　鼻音は呼気が鼻からも出てくるので，鼻をつまんで発音するのが難しい音だ．英語では，[m n] は単語のどの位置にも出てこられるが，[ŋ] は語頭では使用されないという特徴がある．なお，この三つはすべて有声音であるということも共通している．また，[b d g] など他の破裂音と同様に，呼気が一度に堰きとめられるので，破裂音・閉鎖音の一種だと分類することもある．

　これら三つの音が使用されている例を挙げると，simmer, sinner, singer がわかりやすい．なお，[ŋ] は母音の後にくるが，長母音ではないといった特徴などがある．また，<g>が後続する場合に使用されることが多い．以下の例を見てほしい (Roach, 2009)．

A	B
finger [fɪŋɡə]	singer [sɪŋə]
anger [æŋɡə]	hanger [hæŋə]

表 1.7　ŋ の発音

　A と B のグループで，多少の違いがあるのはわかるだろうか．A では/g/の音が発音されているが，B ではそれがない．ここでは，形態論の知識が必要となってくる．-er という派生形態素は，動詞に付いて名詞を形成することができる接尾辞だが，B ではこの接尾辞があるのに対して，A では -er の部分を分解することができないという差があり，この形態構造の差異が発音

で反映されているのである．hanger は hunger [hʌŋgər] と綴りが似ているが，後者はこれで「飢え，熱望」という意味の名詞であり，·er は分解できる接尾辞ではないため，/g/が発音されているということに注意したい．音声では，このように語構造の違いが反映されている現象が見られることがある．

また，ŋ は語末に<g>がくると出現することがある．sing [sɪŋ] や hang [hæŋ] などが，その例である．

しかし，形態素が [g] の有無を決めるという規則も万能ではない．たとえば，比較と最上級の形態素 ·er, ·est がついた longer [lɒŋgə], longest [lɒŋgɪst] では，形態素と基体 (base) を分解できる（それぞれ long + ·er, long + ·est）のにもかかわらず，[g] の発音が残っている．

1.3.3　ふるえ音

ふるえ音 (trill) の [r] は，舌先を歯茎に近づけるか，軽く接触する状態で呼気を送り込み，舌先を振動させて出す音である．舌先がふるえるので，このように呼ばれている．英語ではあまり使用されない音で，rolled の<r>が少ない例の一つである．日本語でもあまり使用されないが，河内弁ですごむさいの「われぇ，コラァ！ どたまかち割ったるど！！」の場合（「れぇ，ラァ」）に聞くことができる．

一般的に，/r/音は辞書や英語教育の教材では，普通に [r] と記載されてある．しかし，IPA の [r] はここで説明している通り，ふるえ音であり，英語や日本語では例外的な使用を除いて，あまり観察されない．英語で多用される/r/の音は歯茎接近音の [ɹ] であることが多く，日本語では次節に出てくる弾き音 [ɾ] が基本であるとされている．ただし，話者の頭の中では/r/の音はこの通りに発音していると考えており[20]，かつ，この三つは微妙な差異しかない同種の音であるため，辞書では大ざっぱに r として扱っている．

---

[20]1.4 で説明するが，これを音素と呼ぶ．

1.3 音声の記述

じっさいのところ，英語と日本語の/r/音は，環境しだいでさまざまな音に変わることも多く，区別が多様で難しいことが多い．とりあえずは，すべて/r/であると考えておいても，深刻な問題は生じないように思われる．

1.3.4 弾き音

弾き音 (flap)，たたき音 (tap) の [ɾ] は，ふるえ音と似た音だが，舌先と口蓋との接触が一度だけ起こる音である．要するに，日本語のラ行の音だ．[*21]

[t] の音が変わって，弾き音として発音される現象は，弾き音化 (flapping) と呼ばれ，アメリカ英語でよく観察される．たとえば，water を wa[ɾ]er，party を par[ɾ]y に，といった具合である．基本的に，母音に囲まれた [t] が弾き音になるのだが，これは有声音である母音に囲まれたため，無声音の [t] も有声音になるから起こると考えられている．1.5.1 の「同化」の説明と合わせて確認してみてほしい．

ジョン万次郎

ジョン万次郎が water の発音を「わら」と書き残していたことから，アメリカ英語の弾き音化 (flapping) が 150 年前から一般的だったということが推測できる．また，最近はパーティーなど騒ぐことが好きな人たちを指して，「パリピ」という日本語が出てきたが，これもアメリカ英語の party people から来たのだろうということは，容易に推測できる．

ただし，弾き音化はイギリス英語でもよく観察され，let を le[ɾ]，it を i[ɾ]，

[*21] 環境によっては接近音になったりして，ひとことでは言えないのが難しいところだ．入門としては，基礎的な音を IPA で対応させることができれば十分だろう．そういうわけで，日本語のラ行は弾き音として統一しておく．厳密な区分を導入しない研究もありうるが，とりあえずは基礎的な音を音声記号に対応させる練習をしておくほうが，混乱が少なくてよいと思われる．このあたりの方針については，上田功先生，水光雅則先生，那須川訓也先生に助言いただいた．

bit を bi[ɾ] など，日常会話でよく耳にする．[22]　なお，後述する接近音の [ɹ] も含め，[ɾ, r] など，広く/r/の音だと認識されるものをまとめて rhotic と呼ぶことがある．　繰りかえすが，一般的な辞書に掲載されてある発音記号は，ふるえ音や弾音化，接近音の区別をしないで，一元的に/r/を使用していることが多い．なお，この/r/の発音にまつわる歴史については，非常に詳細な研究が数多く残されている．1.3.6. と第 3 章の議論も参考にしてほしい．

1.3.5　摩擦音

英語では摩擦音 (fricative) が 9 種類もあり，子音の種類としてはいちばん多い部類に入る．

	唇歯音 (labiodental)	歯音 (dental)	歯茎音 (alveolar)	後部歯茎音 (postalveolar)	声門音 (glottal)
有声音	v	ð	z	ʒ	
無声音	f	θ	s	ʃ	h

表 1.8　英語の摩擦音

---摩擦音が使用されている単語例---

- [v]: voice, average, move
- [f]: foot, office, tough
- [ð]: this, mother, smooth
- [θ]: thank, nothing, teeth
- [z]: zip, design, buzz
- [s]: seem, passage, miss
- [ʒ]: measure, garage　（語頭には来ない）
- [ʃ]: shy, mission, wish
- [h]: hat, hole, behind

前節でも説明したが，摩擦音では声道が狭められ，呼気の流路が狭くな

---

[22] 『アナと雪の女王』の Let it Go の発音も思い出してみよう．

1.3 音声の記述　　　　　　　　　　　　　　　　　　　　35

る．そのため，持続的に呼気が生じるタイプの音になる．呼気の気流が狭い
タイプの [s] や [ʃ] の場合，圧力も上昇し，[f] や [ʒ] などの気流が広いタイプ
だと圧力も低くなる．また，呼気が声道の中心部で確保されるものを中線的
(median) と呼び，舌先によって正中面は閉鎖していても，側面に流路を確
保しているタイプの音を側面的 (lateral) と呼んで区別することもある．大
多数の英語では中線的だが，ウェールズ方言などでは，側面的な摩擦音が観
察されることもある．

　[s] は歯擦音でもあり，摩擦が大きい．有声音の [z] では，舌先を歯茎につ
けてしまわないように気をつけたいところだ．esh と呼ばれる記号で表され
る [ʃ] は円唇性があり，語末では「シュ」といった音になる．[ʒ] は yogh と
呼ばれる記号で，[ʃ] と同じく円唇性がある．舌先は歯茎につけないようにし
たい．theta で表される [θ] は，歯茎に舌先を付けずに，舌を平らにして歯
を噛み合わせないようにしたい．記号の通り，口の中心から舌先を両歯の間
から出して発音するようにという指導をする英語教師が多いことでも知られ
るが，これは必ずしも事実ではない（教育上の方便である）．有声音のペア
である edh で表される [ð] でも同様に，歯茎に舌先をつけてしまわないよう
に気をつけたい．

　なお，破擦音 (affricate) という，破裂音と摩擦音の特徴を併せ持つ子音も
ある．これは国際音声記号の表には掲載されていないが，破裂音と摩擦音
を両方書いて記述される．英語では [tʃ] と [dʒ] があり，前者は ch, tch とい
う単語の綴り箇所，後者は j, ge, gi, dg という単語の綴り箇所で出現する．
rich [rɪtʃ]，ridge [rɪːdʒ] の発音で区別してみてほしい．また，[dʒ] では，舌
先を歯茎につけるように気をつけたい．

　なお，よく言われるが，英語の [f, v] は唇と舌の両方で発音する音であり，
両唇音ではない．唇歯音だからといって，無理に歯をむき出しにするほどの
ことではなく，上の歯の表面を下唇に触れさせる程度の接触があればいい．
両唇摩擦音は英語にはないが，日本語の「ふ」の子音がちょうど両唇摩擦音
の [ɸ] である．日本語の場合，歯の位置で調音しているわけではないという
ことを，我々はつねづね意識できているはずだ．なお，日本語の「はひふへ

ほ」は日本式（訓令式）ローマ字だと ha hi hu he ho，ヘボン式で ha hi fu he ho だが，日本式とヘボン式で「ふ」の表示が違うこともわかるだろうか．h は声門で発音するので，hu だと喉の奥のほうで発音する音ということになってしまうが，f は唇歯音を表すので，両唇音の「ふ」の実態により近くなっているわけだ．なお，日本語の「はひふへほ」は，国際音声記号で書くと [ha çi ɸɯ he ho] である．調音点に気をつけながら今いちど発音してみてほしい．*23

　なお，文頭の/h/は発音されないことが多く，オーストラリア英語や，コックニーと呼ばれるロンドンの労働者階級の方言では，hisotry や house でも [h] の音が落とされることが多いということもよく知られている．また，規範的には [h] は落とさないと意識している英語話者は多いのだが，イギリスでは her, him, he, his, have など，語頭の [h] を落として発音している話者はかなり多い．

1.3.6　接近音

歯茎音 (alveolar)	歯茎側面接近音 (alveolar lateral)	硬口蓋音 (palatal)	唇軟口蓋音 (labiovelar)
ɹ	l	j	w

表 1.9　英語の接近音

接近音が使用されている単語例

- [l]: love, election, fail
- [ɹ]: roof, erection, fear
- [j]: you, beautiful, use
- [w]: woman, swim, awake

接近音 (approximant) は，ラテン語で「近い」という意味があり，母音に

---

*23「ひ」は硬口蓋摩擦音である．声門音よりは前の位置で発音しているのを確認してほしい．

1.3 音声の記述 **37**

近い音である. 英語では，[ɹ l j w] が大まかに接近音としてまとめられる.

接近音は母音に近いため，外来語で混乱が起こりやすい.「ギリシア」と「ギリシャ」，「ドライアー」と「ドライヤー」，「ダイアモンド」と「ダイヤモンド」，「サイゼリア」と「サイゼリヤ」.[*24]

硬口蓋接近音である [j] は，母音の [i] に非常に近い. また，英語では you, yet など y で表されることが多い. 舌を硬口蓋に上げ，唇を広げることで発音される. 軟口蓋が上がるため，鼻に気流は行かず，声帯を震わせて出す有声音である. 母音の前でのみ使用される音であり，beauty [bj-], duty [dj-], tutor [tj-] などが典型的な例である. [i] よりも短く発音される感じである.

両唇軟口蓋音の [w] は母音の [u] に近い. また，発声としては，唇と軟口蓋による二重の発音というプロセスを経る. 舌が軟口蓋に近づいているとき，唇を丸めて摩擦を起こさない程度に唇を閉じている. 鼻に呼気が通らず，有声音なのも，硬口蓋接近音と共通である. [w] は，国際音声記号の基本チャートには記載されていないが，それはこの二重の発音というプロセスのせいである. 例としては，witch [wɪtʃ] などがある.

側面接近音 (lateral approximant)，ないしは単に側面音 (lateral) とも呼ばれる [l] は，日本人にとっては鬼門として知られている. 舌先と歯茎を縦にくっつけ，中央に閉鎖を作って両脇から呼気を出して発音する音である. 日本語を母語とする人は，意識しすぎるくらい舌を歯茎にくっつけるくらいでよい. 基本は有声音だが，無声破裂音の後の play や plum, clay, clunk といった例では，無声音で発音される.

発音のコツだが，舌先だけ（真ん中はいらない）を思いきって口の天井側につける感じである. 勢いが大事だ. また，語末の l では，舌が少し前に移動して歯にかかる感じになる. tell, call といった単語を発音するときに意識

[*24]公式見解は「サイゼリヤ」だそうだが，どっちか見分けがつく人は珍しいのではあるまいか.

してみよう.

[l] に対して，[ɹ] の場合には，舌を喉の奥に引っぱり込む感じで，舌を天井につけないくらいの気持ちで発音したい．なお，アメリカ英語ではそり舌音 (retroflex) になることもあることで知られている．[*25] right, light, wrong, long, correct, collect, など，意識して発音練習をしてみてほしい．自分で発音の区別ができるようになると，聞き分けも容易になってくる．

---

r と l の区別

r と l の発音を意識して区別できるようになれば，聞き分けもかなりできるようになってくる．試しに以下のペアの r と l の区別に注意しながら音読してみよう．

- erection, election
- rock, lock
- read, lead
- road, load

最後に，/r/を使って表される，rhotic という音について考えていこう．英語は rhotic か non-rhotic かで，方言を区別することがある (Ladefoged, 2001)．rhotic 方言では，[ɹ] が母音の後で発音されるため，car や born では [ɹ] が発音されるが，non-rhotic 方言では発音されない．このため，rhotic 方言では，sauce - source, law - lore が同音異義語ではなく，ペアの後者のほうで/r/の発音が聞かれることになる．大ざっぱに言えば，標準的なアメリカ英語が rhotic 方言であり[*26]，舌巻き発音が多いように感じられるのはこのためである．下記に示すように，イギリスの容認発音 (Recieved Pronounciation, RP) が二重母音なのに，一般アメリカ英語 (General American English, GA) では [ɹ] が入る．

[*25]Mielke et al. (2016) によれば，たんにアメリカ英語だけを見てみても，舌を反り返らせるか否かという違いだけではなく，10 種類以上の/r/音があるということである．既出だが，現実的には/r/音は広く大まかに捉えるくらいの気持ちでいいかもしれない．

[*26]アメリカでも non-rhotic 方言の地域があるが，これに関しては 3.2.3 を参照のこと．

1.3 音声の記述   39

	一般アメリカ英語	イギリス容認発音
fear	[fɪɹ]	[fɪə]
fair	[fɛɹ]	[feə]
four	[foʊɹ]	[fʊə]
hard	[hɑɹd]	[hɑd]

表 1.10　アメリカ英語の ɹ とイギリス英語の二重母音

　fear, fair, four では，語末の<r>が発音されるかどうかという違いがある．また，hard では<r>の次に子音字の<d>が続いているが，やはり一般アメリカ英語では/r/が発音され，イギリス容認発音では発音されない．こういう母音の後の/r/が発音される現象は rhoticity とも呼ばれ，様々な言語の方言について考えるさいの指標にもなる．具体的な話はいくつか第3章で扱うが，rhotic 発音である地域もそうでない地域も広く英語圏では存在するということには注意しておこう．

　non-rhotic 方言には，イングランドの大部分，ウェールズ，オーストラリア，ニュージーランド，南アフリカなどが含まれる．non-rhotic 方言でも，<r>で終わる単語に母音が後続する場合には，/r/の音が連結 (linking r) して発音されることがある．たとえば，I fear nothing では r の音が含まれないが，I fear evil では/r/が発音されることになる．しかし，以下の通り，イギリス英語の多くでは語末の/r/の音が出現しないのが通例である．これらについては，1.5 と，第3章で詳しく扱うことにする．

- car [kɑː], ever [evə], here [hɪə], hard [hɑːd]

1.3.7　母音

　母音は声帯を振動させて出てきた呼気をなるべく阻害しないで出す音である，と説明した．分類の基準としては，(1) 舌の最高点の前後位置（前か，中心か，奥か），(2) 舌の最高点の上下位置，つまり口の開き度合い（狭いか，半分狭めているか，半分広げているか，広げているか），(3) 円唇化（唇

を丸めるか，丸めないか）の有無に基づいている．また，舌の緊張の度合いによって，緊張母音なのか弛緩母音なのかを区別することもある．1.1.2 の音象徴でも扱ったが，「い」は舌の最高点が高いので口の開き度合いが小さくなり，「あ」は低いので口の開き度合いが大きくなっていたことも思い出しておきたい．

　舌の位置などを示した四角や台形を利用して，母音は表される．以下のIPA で公開されている図を見てもらいたい．左側が前舌母音，右側が後舌母音，上から狭母音，半狭母音，半広母音，広母音という順序で並べられている．また，対になっているものは，左側が非円唇母音，右側が円唇母音で，英語で主に使用される円唇母音は右上の狭母音から半広母音にあたる [u, ʊ, ɔ] だ．

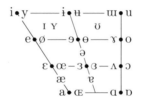

　中心的な役割を果たす基本母音 (Cardinal vowel) が三つあると，25 ページで紹介した．母音を発声するさいの舌の位置は相対的に決めるだけではなく，絶対的な基準があればそれを指標としていろいろな言語の母音の特徴を記述することが可能になる．そこで，第一次基本母音 (Primary cardinal vowel) というのがダニエル・ジョーンズ (Daniel Jones) によって提案された．第一次基本母音では，それぞれに番号が振り分けられている．それを示すと，以下の通りになる．IPA の図でいけば，左上にある 1 の [i] から始まって反時計回りに辿り，右下の 5 の [ɑ] に至り，そのまま上半分を反時計回りに戻るという形で第一次基本母音の位置を確認することができる．

- 1 - [i], 2 - [e], 3 - [ɛ], 4 - [a], 5 - [ɑ], 6 - [ɔ], 7 - [o], 8 - [u]

　まず，基本母音 1 の [i] がそれだが，これは yes に含まれている接近音の [y] を発音し，舌の横を上の歯の横にくっつけ，かつ舌の上側がちょうど硬口蓋につくような感じで発音するとよい．もしくは，子供が拗ねて「いーっ

1.3 音声の記述   41

だ」と言っている状況の発音だろうか．bee の発音が代表的な例である．

　基本母音の 2 と 3 は，ともに日本語では「え」ですむのだが，これを区別する言語もある．[e] は開口度が狭く，唇を丸めないで発音する．それに対して，[ɛ] は口を広めに開けて発音する，という差がある．pet に含まれている音がそうである．

　「あ」の音はいろいろあるが，[a] は普通に舌の位置が前のあたり，それに対して，基本母音 5 の [ɑ] だが，これはお医者さんに口の中を見てもらうときに「あーんってして」と言われたときにする口である．母音の中でも，いちばん大きく口を開ける．そのため，舌を後ろに引いて発音する感じになる．

　基本母音の 6 と 7 は「お」だが，これも口の開きで区別する．[o] は口が狭めで，広めに発音するほうが [ɔ] である．

　最後に，基本母音 8 の [u] だが，これも接近音の wet の [w] を発音するところから始めよう．舌の後ろが軟口蓋に向かって上がっていくのを確認してほしい．そこで空気を吸い込むと，舌の後ろと口の屋根の奥が，ちょっとひんやりとしないだろうか．唇はすぼめておいてほしい．そういうわけで，母音のなかでも口を開けないで発音するようになっている．

　次に，短母音 (short vowel) についても説明しておこう．その名の通り，短めに発音する傾向がある．[ɪ] は [i] よりは舌が緩み，中央に位置する．sit, bit, fish などといった単語が用例である．母音としてギリギリ調音される程度のものなので，弛緩母音 (lax vowel) とされるものの一種である．弛緩母音は，[æ] 以外は語の終わりに出現しないという特徴がある．

　[æ] は，[a] と [ɛ] の中間の音とされ，æ は ash と呼ばれることがある．cat, bat などが用例である．

　[ɒ] は，[o] よりも短く発音され，完全に後ろというほどでもない位置にま

42　　　　　　　　　　　　　　　　　　　第 1 章　音声学・音韻論

で，舌を奥に引っこめる感じである．gone や cross などが用例である．

　[ʌ] は，唇を丸めていた [ɔ] の丸めをなくし，「あ」に近づいた感じの音になる．cut, come などが用例だ．

　[ʊ] は，[u] の弛緩母音であり，円唇で舌はやや奥，口は狭めに開ける感じである．put, push などが用例だ．

　[ə] は，schwa と呼ばれている典型的な弛緩母音で，緊張させず，小さく弱く発音される．口のちょうど真ん中の位置で，「あ」とも「う」ともつかないような感じの音になるのが特徴だ．弛緩母音と呼ばれるものは，要するに口の真ん中の [ə] に音が似る現象と考えることもできる．つまり，IPA の表の端で発音されていた母音が少し真ん中よりになって発声が曖昧になったものであると捉えることも可能だ．要するに，はっきりと発音させるための舌の移動が小さくなった音というわけだ．

　母音二つの組み合わせは二重母音 (diphthong) と呼ばれ，choice[ɔɪ] やmouth[aʊ] などで聞かれる．二番目の母音の発音が弱くなるのが基本なので，二つ目の母音が弛緩母音になる．なお，音節構造の中で数える場合，二重母音は「一つの」母音として数えることに注意したい．
　三つ重なるのは三重母音 (triphthong) で，fire [aɪə] や power [aʊə] などで聞かれる．なお，これらの単語は，イギリス英語では長母音化して [faː]，[pɑː] と発音されることも多い．

　弛緩母音と緊張母音の区別についても確認しておこう．緊張母音は長く発音される傾向にあり，弛緩母音は短い傾向にある．また，緊張母音は開音節・閉音節の両方に出現してくることがあるが，弛緩母音は閉音節のみである．閉音節とは，子音で終わる音節のことである．

　例をいくつか見ていこう．閉音節では，緊張母音と弛緩母音の両方が出現できる．

1.3 音声の記述

緊張母音	read [rid], suit [sut], hate [heɪt], talk [tɔk]
弛緩母音	fit [fɪt], sat [sæt], help [hɛlp], took [tʊk]

表 1.11　閉音節における緊張母音と弛緩母音

いっぽうで，開音節（母音で終わる音節）では緊張母音のみが出現できる．

緊張母音	bee [bi], sue [su], pay [peɪ], law [lɔ]

表 1.12　開音節における緊張母音

話が前後するが音節 (syllable) についても説明しておこう．母音と子音について基礎的な説明を終えたが，じっさいの言語の使用にあたっては，母音だけ，子音だけで使用される単語はあまりない．英語でも母音 (V) と子音 (C) の組み合わせからなる CV (go), VC (at), CVC (dog), CCVCC (skips) といった語が使用される．なお，これらは綴り字ではなく，発音に基づいているということにも注意したい．こういった組み合わせの単位のことを音節と呼ぶ．これら四つの単語は音節が一つからできているので，単音節語と呼ばれる．二音節以上の組み合わせでできる多音節語 (polysyllables) もあり，二音節からなる contain や，三音節からなる conference といった単語ももちろんある．音節はリズムでおよそその構造がつかめるが，その理屈は一音節には一つの母音か，母音に近い聞こえのよい子音 (/m, n, l, r/など) が使われるというものである．音節の核に入る子音には [m̩, n̩, l̩, ɹ̩] といった下付の目印が入る (e.g. bott<u>om</u>less, butt<u>on</u>, litt<u>le</u>, ladd<u>er</u> (アメリカ式発音))．音節の構造を図示すると，以下のようになる．

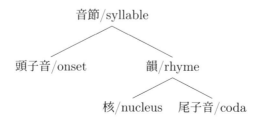

44　　　　　　　　　　　　　　　　　　　　　　　第 1 章　音声学・音韻論

　この構造において，母音や聞こえのいい子音は核の位置を占める．多くの音節において，核の前である頭子音には **go, dog, skips** のように子音が一つ以上くる．これらは開音節 (open syllables) と呼ばれる．また，核の後の尾子音には一つ以上の子音がくることがあり，**at, dog, skips** のような例があり，これらは閉音節 (closed syllables) と呼ばれる．そして，核と尾子音のつながりが韻として認識される．

　最後に，音声知覚に関する話をしておこう．

> [va], [ba], [tha], [da] と発音している口を見て，[ga] の音声を流すと，人はどういう音が聞こえると認識するだろうか．

　これは，音声知覚における，マッガーク効果 (McGurk effect) と呼ばれているものだ (McGurk and MacDonald, 1976)．この論文でじっさいにおこなったのは，[va], [ba], [tha], [da] の発音をしている口のビデオを見て，[ga] の音声を流すと人がどう認識するのか，という問題だった．視覚情報がはっきりしているほど，その情報につられてしまい，視覚情報を聴覚情報に優先させてしまう効果のことだ．そのため，[ga] と正しく認識した人の数のほうが少なかった，という結果が出ている．[g] は軟口蓋破裂音であるため，喉の奥を使った破裂音を出している様子から，唇歯摩擦音や歯茎破裂音を出していると認識するのは難しかったわけである．見た目である程度の音声を予測していたと考えられるわけだ．

　このことからも，人は自分の発音時の口の動きを「知っている」ということがわかる．[*27]　ただ，どこまで理解しているのかというのは，難しい問題ではある．

　[*27]この話で思い浮かべるのが，いわゆる読唇術の話だ．口の動きから人の話の内容を読みとるというものだ．昔から，映画やアニメで高等技術を持ったスパイは，遠方の人たちの口の動きで話の内容を読みとるというシーンが撮られてきたし，わりと最近まで聾唖者には読唇術を身につけさせるべきであるという意見が強かった．しかしながら，口の動きからわかる発音は，実はごくごく限られた情報でしかないということも知られている．

1.4 音素と弁別素性 **45**

既に述べたように，発声された音がどのように理解されるのかを研究する分野は「知覚音声学」と呼ばれる．なお，口や鼻などの調音器官を使ってどのように音を出すのかを研究する分野は，「調音音声学」と呼ばれ，本書でも中心的に扱ってきた．また，本書では扱っていないが，調音器官によって作られた空気の振動が，物理的にどのような特徴を持っているのかを研究する分野は，「音響音声学」と呼ばれている．興味のある方は，章末の読書案内を参照してほしい．

1.4　音素と弁別素性

日本語話者が/l/と/r/の区別をすることが困難なのは，よく知られた事実だ．この両者の発声の区別をできる人が，「ライス，ライト，コレクト...」といった単語の音声を使い分けて他の日本人に話しかけても，意味の違いにつながるわけではない．そして，料理屋さんで，「[laɪs] ください！」と言っても，シラミを提供されるようなことはないだろう．[28] しかし，英語では rice と lice, right と light は違う意味につながる．二つの音の差がこのような意味の違いをもたらす場合，それらは独立した音素 (phoneme) であると考える．

音素は，話者の頭のなかにある音声の知識体系なので，話者が話す言語によって左右されることになる，抽象的な知識体系であるともいえる．例にあげた/l/と/r/の区別は，英語話者には音素だが，日本語話者には音素ではない．また，同一の言語内であっても，同じ音素として認識しているものを，環境 (environment) によって，じっさいには異なる音で発音することも多い．こういう同じ音素だが，音声的には異なる分節音のことは，異音 (allophone) と呼んでいる．[29]

---

[28]仮に店員さんに音の区別ができても，[laɪs] と言われて，客にシラミを提供するような可能性は限りなくゼロに近い．人間には，文脈を読む「語用論」に関する知識がある．

[29]こういう表出と，脳のなかの知識が異なるということを体系的な形であぶり出したのは，現代理論言語学の大きな功績の一つである．

46　　　　　　　　　　　　　　　　　　　　　　　第 1 章　音声学・音韻論

> - 知識レベルにおける抽象的な単音を音素 (phoneme) と言い，音韻表示 (phonological representation) と呼ばれる // で表す．なお，音声表示の [ ] は，じっさいに発せられる音を表す場合に使用してきた．
> - 同じ音素に属しており，音声的には異なる分節音のことを，異音 (allophone) と呼ぶ．

　具体例を使って考えていくことにしよう．たとえば，日本語のタ行の音は，日本語話者には同じ音 /t/ として了解されているが，じっさいに「たちつてと」と発音してみると，じつは必ずしも /t/ で発音しているわけではない，ということがわかる．

　下記の下線部は，t が現れるという意味だ．だから，「_[i]」という表記は t が i の前に現れる環境という表示である．t が [i] の前に来ると，発音としては [tʃ] という破擦音になるというぐあいである．「_[u]」とも比べてみてほしい．

/t/ 音素

[tʃ] 異音　　[ts] 異音　　[t] 異音
_[i]　　　　_[u]　　　　その他

　この音声上の違いは，ヘボン式ローマ字の表記でもわかる通り，我々がときどき意識しているものだ．ta chi tsu te to となっているのはなぜか，考えたことはないだろうか．

　異なる特性だが，似たような音が同一の音素かどうかを定める基準のようなものはないだろうか．これを判断する決め手になるのが，先ほどの right-light のようなペアである．この手の単語は /r/ と /l/ の違いを除けばまったく同じ単語になり，これら二つの音の違いによって異なる意味を作り出している．このように，一部を除いて他はすべて同じになるようなペアを，ミニマルペアと呼んでいる．

1.4 音素と弁別素性 **47**

　また，同じ単語でも話者によって発音が違うのに，意味の違いにつながらないこともある．たとえば，ecnomics の文頭の/i/は [i] と発音する話者もいれば，[ɛ] と発音する話者もいるが，この音の違いは，意味の違いにはつながらない．これら 2 つの単語は，自由変異 (free variation) と呼ばれる．なお，[i] と [ɛ] はつねに自由変異となるわけではない．beat [bit], bet [bɛt] ではこの二つの音の違いが意味の違いに反映されているので，ミニマルペアになっていることに注意してほしい．

　音素を理解するにあたって，もう一つ重要な概念について紹介しておこう．英語の子音体系のなかで同じ/p/なのに，異なる発音になることがある．薄い紙，ティッシュペーパーでもよいので，口の前において，pin と spin と発音してみよう．英語話者と同じ発音をしていれば，pin の場合に紙が吹き上げられ，spin のときにはさほど反応が見られないはずだ．英語において，強勢音節の頭に現れる無声破裂音は，呼気が解放されたときに，大量の空気が放出される．この空気の流出は，帯気 (aspiration) と呼ばれる．帯気がある場合に有気 (aspirated)，ない場合に無気 (unaspirated) と呼ばれ，[ʰ] という記号で表される．いくつか例を挙げると，以下のようなものがある．英語では帯気の [pʰ] は，強勢のある最初の音節に p があると出現する．

(1)　a.　　$[p^h]$ = pin, peak, Japan

　　　b.　　$[p]$ = spin, speak, Japanese

　音素と異音について理解を深めるために，他言語の話者の気持ちになって考えてみよう．たとえば，朝鮮語では，濁音と清音は基本的に区別しない．つまり，「プ」も「ブ」も同じ音として認識しているのである．朝鮮語話者にとってこの区別は（訓練しなければ）難しい．たとえば，韓国の南端に釜山という都市があるが，この都市は片仮名で「プサン」なのに，英語表示の場合に Busan になっていることに気がついた人はいないだろうか．これは，文頭の「プ」と「ブ」を現地で区別しないことにより，起こっている現象なのである．いっぽうで，朝鮮語では帯気音が意味の違いにつながるため，有気の/pʰ/と無気の/p/は，異なる音素として頭のなかで整理されているのである．音のあいだに絶対的な境界線というものはなく，言語ごとに区切れが

異なるということがわかる証左である.

既に説明したが,別の視点から音節について確認しておこう.

音節とは,複数の分節音のまとまりのことである.

たとえば,pin, spin, peak, speak は一音節,Japan は二音節,Japanese は三音節の語である.基本的には,「母音を中心とする分節音のまとまり」と定義することが可能だと紹介した.一音節の語は母音を中心とするまとまりが一つだけ,Ja.pan では,a を中心とするまとまりが二つ,Jap.a.nese では a と e を中心とするまとまりがちょうど三つあることが確認できるはずだ.それで,帯気がある p の (1a) の語では,pin と peak は p を頭とする強勢音節があり,Ja.pan でも pan の部分が強勢音節で,かつ p が先頭にあるため,帯気が存在することになる.(1b) では,強勢音節の頭に p が来ていないということを確認しておいてほしい.

これも既出の話だが,この定義は十分ではない.たとえば,peo.ple や twin.kle では,後半に母音が含まれない ([pl], [kl]) が,音節として数えられる.これは,子音であっても,側音 ([l]) や鼻音,接近音といったよく聞こえる音は,音節を形成する主な音として,母音と同様にふるまうことがあるからである.

帯気の有無がある <p> に戻ろう.ここで有気と無気の <p> を扱ったが,有気の [pʰ] が出現する環境においては,無気の [p] は出現しないし,逆もまた然りという関係が成立していることが知られている.この種の,A という現象が生じる場合には not A が生じず,逆に not A が生じる場合には A が生じないという関係を相補分布 (complementary distribution) と呼んでいる.わかりやすい例をあげれば,江戸川コナンくんと工藤新一くんがちょうど相補分布の関係にあると言えばわかるだろうか.コナンくんが出現してくるシーンにおいて工藤くんは出てこられないし,逆に工藤くんが出てくるシーンにおいて,コナンくんが出てくることはできない.その理由については,みなさんもご存じの通りである.

1.5 音のつながり

1.5.1 同化

今までは，分節音の基本的な構成について学んだ．つまり，調音点，調音法，有声・無声の違いによって分節音の特性が決まるのであった．これら一つ一つの特性を決める性質を指して，素性 (feature) と呼ぶことがある．音声は周囲の環境によって，たとえば同化 (assimilation) といって，音韻素性に変更が起こることがある．たとえば，good night では，[gʊd] ではなく [gʊn] と発音され，時折，G'night と綴りに反映される．この種の現象について，考えていくことにしよう．

無声音化

有声破裂音，摩擦音，破擦音が無声子音の前に出現したとき，無声音になることがある．たとえば，his の末尾の発音は [z] だが，his friend のように子音で始まる語が後続する場合，無声音の [z̥] となる．似た例は他にもある．

(2) a. had to [hæd̥ tu]

   b. with sympathy [wɪð̥ sɪmpəθi]

有声音化

有声音が無声音に変わるのとは，反対の方向への変化も見られる．英語では，三人称・単数・現在のとき，動詞に -s がついたり，複数形の名詞に -s がついたり，所有格・所有代名詞に -'s がついたりする．この場合，発音のパターンは三種類ある．

まず，語が母音や有声子音で終わる場合，[z] と発音される．有声音の後は有声音を続けたほうが，発音しやすいからである．声帯のオンとオフのスイッチにも，労力がかかるのだ．

(3) a. goes [gəʊz]

   b. comes [kʌmz]

c. doors [doʊɹz] か [dʊəz]

d. child's [tʃaɪldz]

有声子音の後に ·s が続くと [dz] という音になるが，[z] と区別がつきにくくなるため，発音する時には注意が必要だ．以下の単語のペアの語末に気をつけて発音してみよう．

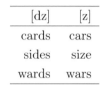

表 1.13 [dz], [z] の発音

無声子音で終わる場合，[s] と発音される．理屈は同じで，無声音の後は無声音が続けやすいのである．

(4) a. talks [tɔlks]

b. flights [flaɪts]

c. fifths [fɪfθs]

d. caps [kæps]

e. Derek's [dɛrɪks]

[s], [z], [ʃ], [ʒ], [tʃ], [dʒ] で終わる語の場合，[s] や [z] は使用されない．というのも，[ss] や [zz] といった発音は英語ではありえないからである．よって，[ɪ] や [ə] といった母音が挿入され，·s は [z] と発音されるようになる．

(5) a. kisses [kɪsɪz]

b. causes [kɔːzɪz]

c. catch [kætʃɪz]

d. George's [dʒoʊɹdʒɪz]

e. churches [tʃɜtʃɪz]

1.5　音のつながり　　　　　　　　　　　　　　　　　　　　　　　　**51**

　同種の考え方は，過去形の接尾辞 ·ed に関しても当てはまる．有声子音，
母音の後に ·ed が続いた場合，[d] と発音されるが，無声子音の場合には [t]
と発音される．

(6)　　a.　　walked [wɔːkt]

　　　　b.　　kissed [kist]

　　　　c.　　killed [kɪld]

　　　　d.　　jogged [dʒɔgd]

　　　　e.　　cause [kɔːzd]

　ここで，Pinker (1994) で使用されていた例について考えてみよう．英語
には out· という接頭辞を有名人の名前につけることで，「〜に勝る」という
意味の他動詞を形成することができる．[*30] これに関して，以下の問題につい
て考えてみてほしい．

Mozart out-Bached Bach. 「モーツァルトはバッハを超えた」のとき，
·ed の発音はどうなっているだろうか？

　この問題のミソは，·ch という英語には存在しない子音が含まれているこ
とだ．正解は，·ch が無声子音なので，·ed も無声子音の [t] と発音するのが
英語話者の直感である．この種の規則は，経験したことがなくとも（なに
せ，out-Bach という動詞を初めて聞くという話者のほうが多いのだ）英語
母語話者であれば，一様に同じ判断をするというのがポイントなのである．
言語の規則には，学習で得られる以上のものが記載されているのだ．

1.5.2　rhoticity と母音

　一般アメリカ英語のように語末の<r>を発音する rhotic 地域の英語では，
r 音で終わる語の次に母音で始まる語が続くとラ行の音が発音されるような
形になる．以下の下線の語に気をつけて発音してみよう．

(7)　　a.　before eight

[*30]2.4 で後述するが，この用法はシェイクスピアが使用している．

b. ove<u>r a</u> million dollars

1.5.3 連結の r とわりこみの r

ロンドンや大部分のイングランドでは，語末の<r>を発音しない non-rhotic 地域である．このため，rhotic 発音である一般アメリカ英語では見られないような現象がある．

連結の r (linking r) と呼ばれる現象について考えてみよう．

(8)　a.　marr·ing, soar·ing

　　　b.　the fear of death

non-rhotic の地域では，mar, soar 単独では通常語末の/r/は発音されないが，上記の ·ing がついた形では発音されるようになる．また，同様に (8b) でも fear 単独の場合には発音されなかった/r/が発音されるようになる．この種の，母音発音の前で/r/の音が non-rhotic 発音の英語で出現してくることを連結の r と呼ぶことがある．これは，フランス語における連声で，単独では発音しない語末の子音字に母音が継続する場合に発音されるリエゾン (liaison) と同種の現象である．[31] なお，rhotic 発音の英語では元々/r/の音を発音しているため，同種の現象が観察される．そもそも mar, soar, fear 単独の場合でも/r/が発音されるのが原則である．

non-rhotic 発音の英語では，また少し変わった現象がある．以下の例をみてほしい．

(9)　a.　saw·ing, thaw·ing

　　　b.　the idea of death

これらの例では，<r>の綴りがないのにも関わらず，saw, thaw, idea の後で/r/の音が発音されるようになることがある．特に語境界を挟んである idea の方で/r/が発音されるようになる現象が顕著である．この現象はわり

---

[31]巷の英語教材や一部の辞書では，語末の子音と後続する母音で音が連続する現象を「リエゾン」と呼んでいるが，単純に誤りである．これらは，単なる音の連結にすぎない．

こみの r (intrusive r) と呼ばれており，non-rhotic 発音の英語に特有の現象である．一般アメリカ英語では，わりこみの r は基本的にない．

1.6 強勢

英語では，一つの音節に第一強勢 (primary stress)[32] が置かれる．よく知られているとおり，フランス語では第一強勢が主に語の最後の音節に置かれるのに対し，英語ではまちまちである．これは，英語がゲルマン系の言語なのに，ロマンス系の言語であるラテン語や，フランス語由来の外来語が多数入ってきたことに原因がある．というわけで，語源に基づけば，ある程度のパターンを導くことはできる．[33]

まず，英語土着語はゲルマン系の規則に従う．以下の単語では，語の基体 (base) の最初の音節に，第一強勢が置かれる．[34]

(10) a.   'ba.by
      b.   'hun.gry
      c.   'mo.ther
      d.   'fa.ther
      e.   'pre.tty
      f.   'ha.ppy

しかし，英語の歴史の第 2 章でも触れるが，歴史的な事情により，英語に外来語が多数流入してくることになる．その結果，ゲルマン系とロマンス系の強勢規則が混在した状態が，中英語期には存在したようだ．しかしながら，初期近代英語期に，徐々にゲルマン系の強勢に統一されるようになり，現在の強勢パターンのようになったものと考えられる．

---

[32]強勢は日本語では「アクセント」とも呼んでいる．しかし，この語は，accent「方言，強調点」といった意味のほうが主な単語の外来語と思われるので，本書では「強勢」という言葉を使用する．

[33]この種の歴史的経緯については次章を参考のこと．

[34]この節のデータはとくに断りがなければ，Meyer (2009) に従っている．

フランス語強勢	ゲルマン系強勢	現代英語
ci.ˈtee	ˈci.tee	ˈcity
com.ˈfort	ˈcom.fort	ˈcomfort
di.ˈvers	ˈdi.vers	ˈdiverse
pre.ˈsent	ˈpre.sent	ˈpresent

表 1.14　混在する強勢

1500 年以前に英語に流入してきたフランス語・ラテン語由来の単語は，基本的にゲルマン系の強勢に落とし込まれたようだ．しかしながら，1700 年以降になると，いろいろな強勢が混在することになり，アメリカ英語とイギリス英語のあいだでも，強勢に差が見られるようになってきた．たとえば，表 1.15 のような差異が観察される．

アメリカ英語	イギリス英語
ˈbro.chure	bro.ˈchure
ˈca.fe	ca.ˈfe

表 1.15　アメリカ英語とイギリス英語の強勢の位置

借用語の影響は，とくに派生接辞[35] がついた語における強勢で，さまざまな影響が観察されるようになる．とくに，どのような接辞か，語に音節がいくつあるか，どの音節が軽音節 (light syllable, 1 モーラ[36]の音節で第一強勢が落ちない) か，どの音節が重音節 (heavy syllable, 2 モーラ以上の音節で第一強勢が落ちることがある，二重母音や長母音を含む)[37]かという性質が関わってくることになる．まずは，接尾辞について考えよう．以下に見

---

[35]接辞 (affix) の中でも，範疇や意味を変える働きをする ·able, un· といった接辞を，派生接辞 (derivational affix)，三単現の ·s や過去形の ·ed など，文法要素に関連する接辞を屈折接辞 (inflectional affix) と呼んで区別している．

[36]拍のことだが，音節よりも小さい単位で，日本語ではひらがな・カタカナの一字に当たる単位と見なしておけば，初学者には十分だ．

[37]3 モーラ以上の音節を super-heavy syllable と呼ぶこともある．

1.6 強勢

るように, ·teer だけが第一強勢を動かす働きをしており, 他の接尾辞の ·ful と ·ness は影響していない, ということがわかるだろうか.

(11)　a.　　'hope.ful → 'hope.ful.ness

　　　b.　　'pro.fit → pro.fi.'teer

Stockwell and Minkova (2009) によれば, ·ess, ·man, ·ist が強勢を起こさない接辞で, ·naire, ·esce, ·tee が強勢移動を起こす接辞であることが指摘されている (表 1.16).

強勢移動なし	強勢移動あり
'host → 'hos.tess	'ques.tion → ques.tion.'naire
po.'lice → po.'lice.man	in.can.'des.cent → in.cand.'esce
'fet.ish → 'fet.ish.ist	'am.pu.tate → am.pu.'tee

表 1.16　強勢と接尾辞

ラテン語は, 語末から数える方法で強勢の位置を決定していたわけだが, 以下に見るように, 基体の強勢構造を変える接尾辞がある.

(12)　a.　·ee: em·'ploy → em·ploy·'ee, ex·'am·ine → ex·a·mi·'nee

　　　b.　·se: Ja·'pan → Jap·a·'nese, 'Chi·na → Chi·'nese

　　　c.　·ity: e·'lec·tric → e·lec·'tric·i·ty, 'ma·jor → ma·'jor·i·ty

　　　d.　·ic: 'ath·lete → ath·'let·ic

　　　e.　·ize/·ise*38: im·'mune → 'im·mu·nize/nise

　　　f.　·tude: 'at·ti·tude, 'grat·i·tude, 'mag·ni·tude

次に別タイプの接尾辞だが, これは基体の強勢構造を変えない. これはゲルマン語が語頭から数えて強勢を付与していたことによる.

---

*38·ize はアメリカ綴り, ·ise はイギリス綴りの接尾辞である.

(13) a. ·er: em·ˈploy → em·ˈploy·er, e·ˈxam·ine → eˈxam·in·er

b. ·hood: ˈbroth·er → ˈbroth·er·hood, ˈneigh·bour → ˈneigh·bour·hood

c. ·ful: ˈbeau·ty → ˈbeau·ti·ful, dis·ˈgrace → dis·ˈgrace·ful

d. ·ly: ˈrap·id → ˈrap·id·ly, se·ˈvere → se·ˈvere·ly

なお，（ラテン語，古フランス語由来だが）基体の強勢を変える場合と，変えない場合があるような接尾辞もある．

(14) a. ·able: com·ˈpare → ˈcom·par·a·ble, pre·ˈfer → ˈpref·e·ra·ble, ad·ˈmire → ˈad·mir·a·ble ⇒ 基体の強勢構造が変わる

b. ·able: de·ˈsire → de·ˈsir·a·ble, ac·ˈcept → ac·ˈcept·able ⇒ 基体の強勢構造が変わらない

重音節か軽音節かで，強勢のパターンが変わることもある．以下の例を見てほしい．

(15) a. ˈmul.ti.ply → mul.ti.pli.ˈca.tion

b. ˈmys.ti.fy → mys.ti.fi.ˈca.tion

どちらも接尾辞化によって，強勢の位置が変わっている．ˈmul.ti.ply では，第一強勢は後ろから三番目の音節にあるが，mul.ti.pli.ˈca.tion では第一強勢は後ろから二番目の音節にある．

mul.ti.pli.ˈca.tion では，後ろから二番目の音節が重音節であり，緊張母音である二重母音を含んでいる．ˈmul.ti.ply では，後ろから二番目の音節が軽く，弛緩母音の [ə] を含んでいる．後ろから二番目の音節が軽音節である場合，強勢は後ろから三番目の位置に移動する．

関連する例を以下にあげる．一列目が重音節の場合，二列目が軽音節の場合である．強勢の位置は，後ろから数えるようになっている．

なお，派生形態素は強勢の位置に影響を及ぼすことがあるが，屈折形態素は影響を及ぼさない．

1.6　強勢　　　　　　　　　　　　　　　　　　　　　　　　　　　　**57**

後ろから二番目の (penultimate) 音節	後ろから三番目の (antepenultimate) 音節
dis.con.ˈtent.ment	rep.re.ˈhens.i.ble
ad.jec.ˈti.val	de.ˈriv.a.tive
fun.da.ˈmen.tal	pre.ˈvar.i.care

表 1.17　強勢と音節

原形	屈折形態素がついたもの
es.ˈtab.lish	es.ˈtab.lish.ing, es.ˈtab.lish.es, es.ˈtab.lish.ed
fa.ˈmil.iar.ise	fa.ˈmil.iar.is.ing, fa.ˈmil.iar.is.es, fa.ˈmil.iar.is.ed

表 1.18　強勢と屈折形態素

1.6.1　品詞変換

　ここでは，Huddleston and Pullum (2002) で紹介されている事例について説明しよう．語の統辞範疇に伴う音韻的変化についての考察だ．下記に示すように，二音節の動詞と名詞で綴りは同じなのに発音が異なり，動詞では二つめの音節に強勢があり，名詞では一つめの音節に強勢がある例がたくさんある．

(16)　a. digest [daɪˈdʒest]「要約する（動詞）」，/ [ˈdaɪdʒest]「要約（名詞）」

　　　b. insult [ɪnˈsʌlt]　「侮辱する（動詞）」，[ˈɪnsʌlt]「侮辱（名詞）」

　　　c. transfer [traensˈfɜːr]「移転する（動詞）」，[ˈtraensfɜːr]「移転（名詞）」

(17)　a. conduct [kənˈdʌkt]「行う（動詞）」，[ˈkɒndʌkt]「行為（名詞）」

　　　b. conflict [kənˈflɪkt]「衝突する（動詞）」，[ˈkɒnflɪkt]「衝突（名詞）」

　　　c. decrease [dɪˈkriːs]「減少する（動詞）」，[ˈdɪkriːs]「現象（名詞）」

　　　d. present [prɪˈzent]「贈呈する（動詞）」，[ˈprezənt]「贈呈（名詞）」

　　　e. record [rɪˈkɔrd]「記録する（動詞）」，[ˈrekɔːrd]「記録（名詞）」

　　上記の多くの例では，動詞のほうが名詞よりも古い．名詞は，強勢の位置が変わることによって品詞も変わる転換 (conversion) というプロセスに

よって動詞から形成されている．強勢の位置変化は，名詞が典型的に動詞よりも前の部分に強勢があるという事実によるものと一般的には考えられている．

綴りが似ているが，異なる統辞範疇 (syntactic category)*³⁹に属する語のペアの中には，強勢によってではなく，範疇の変化によって音韻的に区別されるものもある．

(18)　a.　動詞か名詞：compliment「褒める，賛辞」，document「証拠書類を提供する，文書」，implement「実行する，道具」

　　　　b.　動詞か名詞：certificate「証明書を与える，証明書」，estimate「評価する，評価」，graduate「卒業する，卒業生」

　　　　c.　動詞か形容詞：deliberate「熟考する，熟考された」，intimate「ほのめかす，親密な」，legitimate「合法と認める，合法の」，separate「切り離す，わかれた」

(18a) では ment が動詞では [ment] と発音され，名詞では [mənt] と発音される．(18b-c) では ·ate が動詞では [eit] と発音され，名詞や形容詞では [ət] と発音される．これらの例すべてにおいて，名詞や形容詞では弱化して [ə] と発音されるものが，動詞では弱化されていない母音か二重母音として発音される．そういう理由で，動詞の最後の音節は，音韻的に名詞や形容詞よりも重くなる．この種の音韻変化と範疇変化が関連するものの数は少なく，他言語の変化の影響によるものだ．言語接触が言語変化をもたらす事例については，第 2 章を見てほしい．

基体の最後の部分が名詞の場合，無声摩擦音で，動詞の場合，有声音になる名詞と動詞のペアが少しある．例は以下の通り．

(19)　a.　名詞：/f, θ, s/ belief「信念」，wreath「輪」，mouth「口」，house「家」

　　　　b.　動詞：/v, ð, z/ believe「信じる」，wreathe「取り巻く」，mouth「口にくわえる」，house「収容する」

---

*³⁹動詞や名詞など，語彙の種類に関するもののことを統辞範疇と呼んでいる．

1.6 強勢　　　　　　　　　　　　　　　　　　　　　　　　　　　59

　最初の二つの例では，範疇の違いが綴りに反映されている．この種の変異
は屈折形態素でも見られる．複数形では，mouths や houses は必ず有声音
になるが，wreaths の場合には有声音でも無声音でもかまわない．

　他に，歯茎破裂音 [d] と [t] で，有声か無声かの違いによって品詞が区別さ
れるような単語のペアがある．ascend「昇る」〜 ascent「上昇」，descend
「降る」〜 descent「下降」，extend「広げる」〜 extent「広さ」がそれであ
る．これらはフランス語由来のパターンを反映している．フランス語が英語
に与えた影響についても，第 2 章を見てみてほしい．

1.6.2　複合語の強勢

　続けて，Huddleston and Pullum (2002) のデータを使用して，複合語の
強勢について考えていこう．blackboard は「黒板」の意味で，一つの語，す
なわち複合語だが，black board は「黒い板」なので形容詞 + 名詞という
語の組み合わせである．よって，green blackboard「緑の黒板」はありえる
が，green black board は何のことかよくわからない．「緑の黒い板」といっ
た感じになってしまう．これでは，形容矛盾で詩的な表現でしか解釈できな
くなる．この手の複合語では，最初の形態素に第一強勢が置かれるのが普通
である．なお，(20) の等位的複合語は，語の二つが同じ資格で並列されてで
きた複合語だ．

(20)　名詞 + 名詞の複合語：bedtime「就寝時間」, goldfish「金魚」, handbag
　　　「ハンドバッグ」, honey·bee「蜂蜜」, pillow·case「枕カバー」

(21)　形容詞 + 名詞の複合語：blueprint「青写真」, busybody「おせっかい
　　　屋」, commonwealth「連邦」, Englishman「英国人」, grandmother
　　　「祖母」, greenhouse「温室」, mainland「本土」, sick·bed「病床」,
　　　smalltalk「スモールトーク」

(22)　動詞 + 名詞の複合語：copycat「真似をする人」, playboy「プレイ
　　　ボーイ」, workman「職人」, call·girl「コールガール」, push·button
　　　「押しボタン」, dance·hall「ダンスホール」, driveway「ドライブ
　　　ウェイ」

60   第 1 章　音声学・音韻論

(23)　他の範疇：after·effect「後遺症」, downside「下降気味」, off·chance
　　　　「非常に低い可能性」, underdog「負け犬」, he·man「強く男らし
　　　　い男」

(24)　等位的複合語：lazybones「ぐうたら」, loudmouth「おしゃべりな
　　　　人」, paleface「白人」, redskin「アメリカ先住民」, birdbrain「ア
　　　　ホ」, butterfingers「不器用な人」, egghead「知識人」, skinhead「ス
　　　　キンヘッドの人」

練習問題

(1)　以下の特徴を持つ音声を IPA で記述しなさい.

    a.　無声両唇破裂音

    b.　無声破擦音

    c.　歯茎接近音

    d.　高後舌円唇緊張母音

    e.　前舌半狭緊張母音

    f.　前舌狭弛緩母音

(2)　以下の音声記号で表された音の特徴を, 弁別素性を用いて表しな
　　　さい.

    a.　[e]

    b.　[n]

    c.　[ɸ]

    d.　[j]

    e.　[ɹ]

    f.　[h]

    g.　[i]

    h.　[ʌ]

    i.　[a]

1.6 強勢 **61**

    j. [e]

(3) 以下の音声グループに共通する弁別素性を書きなさい.

    a. [b], [d], [g]

    b. [i], [e], [æ]

    c. [ɸ], [f], [θ], [s], [ʃ], [h]

    d. [u], [ɔ], [ɑ]

(4) 以下の英単語の音声を IPA で記述しなさい.

    a. psychology

    b. thought

    c. though

    d. cats

    e. dogs

    f. bushes

    g. tongue

    h. knowledge

    i. pneumonia

(5) 音象徴では, 身体的基盤の影響か, 大きいもの・力強いもの, ないしは小さいもの・かわいらしいものを想起させる可能性があると論じた. 本章で説明したように, 有声音を用いたほうが大きく, 力強いものと想起される傾向があるが, その理由について, 音声的な特徴も踏まえて考えなさい. また, 両者の単語をインターネットの画像検索で調べ, そのイメージ画像に違いがあるかについても考えなさい.

(6) 英語と日本語で有声音化の例をあげ, 理由を考えなさい.

(7) 英語と日本語で無声音化の例をあげ, 理由を考えなさい.

以下, Fromkin and Rodman (1998) を少し改変した問題.

62　　　　　　　　　　　　　　　　　　　　第 1 章　音声学・音韻論

(8) [p] と [b] がミニマルペアを作る例として，pit/bit (語頭)，rapid/ra-
bid (語中)，cap/cab (語末) がありうる．以下のコントラストでミ
ニマルペアになるような単語を調べなさい．

　　a. /k/－/g/

　　b. /l/－/r/

　　c. /b/－/v/

　　d. /p/－/f/

　　e. /s/－/z/

(9) ある英語の方言において，以下の単語は異なる母音を持ちうる．

　　i. bite [bʌjt], rice [rʌjs], ripe [rʌjp], wife [wʌjf], dike [dʌjk]

　　ii. bide [bajd], rise [rajz], bribe [brajb], wives [wajvz], dime
[dajm], nine [najn], rile [rajl], dire [dajr], writhe [rajð]

　　iii. die [daj], by [baj], sigh [saj], rye [raj], guy [gaj]

　　a. i と ii のグループの母音の発音を決めているのはどういう要因な
のかについて，考えなさい．また，音韻素性としてどのような
特徴が母音の発音に影響を与えているのかについて述べなさい．

　　b. iii のグループの単語は，どのような点で i と ii のグループの単
語と違っているか考えなさい．

　　c. [ʌj] と [aj] は相補分布の関係になっているか．また，なっている
にせよ，なっていないにせよ，そう考えた理由について述べな
さい．

　　d. この方言では，以下の単語の発音（とくに母音）がどのように
なっていると予測されるか，IPA で記述しなさい．life, lives,
lie, file, bike, lice

　　e. これら i, ii, iii の母音の発音を特徴付ける規則について考えな
さい．

(10) top と chop, dunk と junk, so と show は /t/ と /tʃ/, /d/ と /dʒ/,
/s/ と /ʃ/ が英語では口蓋化の有無が弁別素性である証拠になる．
口蓋化 (palatalisation) とは，子音が調音点で発音されるさいに，前

舌面が硬口蓋に近づいていく現象のことである．たとえば，日本語
では「か /ka/」と「き /ki/」の子音は，じっさいに発音される場合，
「き」が「か」に対して前舌面が硬口蓋に近づいており，[kʲi] と発
音されていることがわかる．英語の church, cheese といった単語の
<ch>も，古英語以前の段階における k の口蓋化によって，音声変
化が起こったものと考えられている．以下のデータを見て，口蓋化
がいつ起こるのかを考え，その規則を記述しなさい．

  a. 口蓋化が起こっていない場合：hit me [hɪt mi], lead him [lid
    hɪm], pass us [pʰæs ʌs], lose them [luz ðɛm]
  b. 口蓋化が起こっている場合：hit you [hɪtʃ ju], lead you [lidʒ ju],
    pass you [pʰæʃ ju], lose you [luʒ ju]

読書案内

日本語

- 『音声学・音韻論 (窪薗, 1998)』：音声学の基本から，本書では扱って
  いない語アクセントや，文アクセントの問題も扱っている名著．説明
  もシンプルだが当を得ている．
- 『日本語の音声 (窪薗, 1999)』：日本語の音声研究の定番書．抑えてお
  くべき基礎知識を確認しながら，じっさいに研究するための知識が身
  につく．
- 『英語の文字・綴り・発音のしくみ (大名, 2014)』は英語の綴りと発
  音がどうなっているのか，非常に精緻に議論した名著．発音や綴りが
  気になるという人におすすめ．文字に関する説明も秀逸．
- 『音韻論 (菅原真理子（編）, 2014)』：日英語の音韻現象や，構造と音
  声がどうかかわるかという問題，最適性理論のイントロなどが含まれ
  ている．次のステップに進みたい人におすすめの良書．
- 『音とことばのふしぎな世界 (川原, 2015)』：音声学の超入門書だが，
  中身は充実．ごくごく気楽に音声学の匂いを感じとりたい人向け．逆
  説的だが，音声学なんて見たくもない，という人におすすめ．
- 『基礎から学ぶ音声学講義 (加藤・安藤, 2016)』：日本語の音声を中心

に，超分節現象も扱っている．一つ一つ基礎を抑えながら学びたい人におすすめ．

- 『ちいさい言語学者の冒険 (広瀬友紀, 2017)』：子供の言語獲得の様子を，豊富な事例とともに解説している良書．気楽に楽しく読め，かつ学ぶ要素も多い．薄くとも内容はしっかりしているおすすめの本．気軽に言語学の基礎知識に触れられる．

- 『ビジュアル音声学 (川原, 2018)』：音声学を本格的に勉強したいという気持ちになったのであれば，ぜひともお薦めしたい一冊．その名の通り，イラストが豊富な本．仮に音声学の授業を受けもつ機会があれば，この書を教科書に選びたいと思わせる内容．今後の日本の音声学教育のスタンダードになりうる名著．

英語

- Phonetics: transcription, production, acoustics, and perception (Reetz and Johngman, 2008). 音声学を包括的に扱っている良書．英語で本格的に勉強したい方におすすめ．

- Introducing English linguistics (Meyer, 2009)：2.3 で多数，データを使用させてもらった．英語学のイントロということで，読みやすいつくりになっているが，浅く広くという感じである．英語で初めて文献に触れるならいい本かもしれない．

- English phonetics and phonology (Roach, 2009)：自分で発音練習しながら音声を実践的に身につけられる．練習問題が豊富で使いやすい．

- A course in phonetics (Ladefoged and Johnson, 2014). 音声学の教科書の定番と言えばこれ．最新版はこれだが，音声ファイルが使いづらく，値段が張るので，これより以前の版を買ったほうがお得かもしれない．筆者はアメリカ留学時代に古い版の物を使用して勉強した．

- An introduction to English phonetics (Ogden, 2017)：1.3 の記述音声学では，かなり参照させてもらった．英語の発音について，手短にかつ的確に記述してある良書．

第 2 章

英語の歴史

> Whether I shall turn out to be the hero of my
> own life, or whether that station will be held
> by anybody else, these pages must show.
>
> Charles Dickens, *David Copperfield*

この章では，英語の歴史について概観していくことにしよう．今では
世界の多くで使用されているように思える英語だが，その始まりは，
小さな島国の田舎の一言語にすぎなかったのだ.

　第1章，悉曇学の紹介で，サンスクリット語の研究はかなり早い段階から
進んでいたと書いた．そのサンスクリット語とも関連するのだが，英語の歴
史を考えるために，以下のウィリアム・ジョーンズ (William Jones) の見解
を紹介しておこう.

　ウィリアム・ジョーンズは，オクスフォード大学ユニヴァーシティ・コ
レッジで学び，ラテン語やギリシア語のほか，ヘブライ語，ペルシア語，ア
ラビア語にも通じていたという．生計を立てるために法律を学び，ナイトの
称号を得た後，イギリス東インド会社に雇用され，コルカタで上級裁判所の
判事として赴任した．そこでサンスクリット語を学んだジョーンズは，多言
語の知識があったことから，以下のような発見にたどり着く．この発言は

1786 年にコルカタで行われた On the Hindu's という講演の一部であると
されている.

(1) Sir William Jones (1786)

"The Sanskrit language, whatever be its antiquity, is of a wonderful structure; more perfect than the Greek, more copious [having more cases] than the Latin, and more exquisitely refined than either, yet bearing to both of them a stronger affinity, both in the roots of the verbs and in the forms of the grammar, than could possibly have been produced by accident; so strong indeed, that no philologer could examine them all three, without believing them to have sprung from some common source, which, perhaps, no longer exists; there is a similar reason ... for supposing that both the Gothic and the Celtic ... had the same origin with the Sanskrit; and the old Persian might be added to the same family."

『サンスクリット語は，その古さはさておき，じつに見事な構造を
有している．ギリシア語よりも完璧で，ラテン語よりも豊かである
（格が多い）．そして，そのどちらよりも優美であるが，それでも動
詞の語根と文法形式において，偶然ではありえないくらい，どちら
にもすごく似かよっている．あまりに似ているので，文献学者であ
れば，恐らく今では存在していない共通の言語から発生してきたの
だと思わないで，この三つの言語を研究することなどできないはず
だ．ゴート語もケルト語も，サンスクリット語と同じ起源であると
考える似た理由があり，古代ペルシア語もおそらく同じ語族に入る
のだろう．』

　ウィリアム・ジョーンズ卿の，この見解は慧眼であった．この後，彼のこ
の見解は比較言語学，歴史言語学と呼ばれる分野の発展に大きく貢献した．
インドからヨーロッパにかけて広く使用されていたと考えられる，現在の
ヨーロッパ，インドの言葉の祖先であると考えられているこの仮想上の言語
は，印欧祖語 (Proto-Indo-European language) と呼ばれ，広く言語学者の

あいだで共有される仮説となった.

　その後，比較言語学，歴史言語学という分野が活発になる．ここで重要な用語を，二つ紹介しておこう．まず，言語の歴史的側面に焦点を当て，言語間の関係がどのようになっているか，言語がどのように変化しているのかを研究している言語学は，通時言語学 (Diachronic Linguistics) と呼ばれている．19 世紀までの言語学は，通時言語学が全盛であった．いっぽう，言語の歴史的変化を取捨して，ある時期のある言語に焦点を当てて，言語の（普遍的）特性について体系的に研究する言語学は，共時言語学 (Synchronic Linguistics) と呼ばれている.

(2)　a.　Diachronic Linguistics （通時言語学）

　　　b.　Synchronic Linguistics（共時言語学）

　この二分法は，フェルディナン・ド・ソシュール (Ferdinand de Saussure) によって導入され，現代でも広く受け入れられている区分のように思われる．どちらが正しいか，とかいう問題ではなく，現象の切り取り方・見方の問題である．この章では，もちろん通時言語学としての側面を扱う.

　それでは，印欧祖語に端を発する英語がどのように変化してきたのか，その歴史的な側面について考えていくことにしよう．まずは，言語の親戚関係がどのようになっているのか，という問題からだ.

2.1　言語の親戚関係

　いきなりだが，表 2.1 の英語とドイツ語の対応する単語を比べてみよう．何か，共通点のようなものは見当たらないだろうか.

English	father	mother	brother	house	field	sing	green
German	Vater	Mutter	Bruder	Haus	Feld	singen	grün

表 2.1　英語とドイツ語の類似する単語

掲載されているのは，日常的によく使用すると思われる基本単語であり，この対応が，偶然であると考えるのは難しいだろう．結論を言えば，英語とドイツ語は親戚関係にある言語なのだ．どちらも，ゲルマン系の西ゲルマン語だったのである．とりあえず，印欧祖語から別れたとされる言語の派生図を紹介すると，以下のようになる (亀井他, 1998).

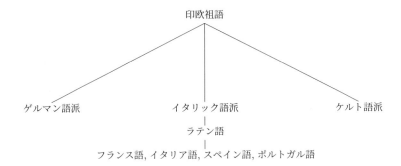

このうちのケルト語派は，ゲール諸語（Q ケルト語とも呼ばれる．スコットランド・ゲール語，アイルランド語，マン島語など），ブリトン諸語（P ケルト語とも呼ばれる．ウェールズ語，コーンウォール語，ブルトン語など），大陸ケルト語（ガリア語，ルシタニア語など）へと分化していく．本書ではあまり詳しく扱わない．

イタリック語派は，その後，ラテン語，ロマンス諸語へと分化していった．

ゲルマン語派は，その後，以下のように分化していく (ibid.).

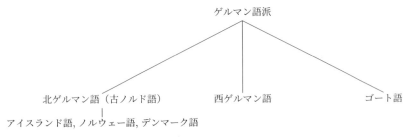

西ゲルマン語は，さらに以下のように分化していく．なお，古フランケン

2.1 言語の親戚関係

語と，エルベゲルマン語から分化した古アレマン語や古バイエルン語などは，この後，合流し，古ドイツ語，中高ドイツ語，新高ドイツ語となり，次に紹介する低地ドイツ語と合流して，現在のドイツ語として扱われている (ibid.)．

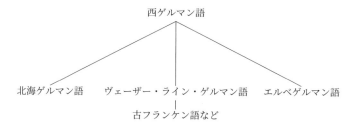

そして，北海ゲルマン語が，以下のように分化していく．英語はドイツ語と近い親戚なのである (ibid.)．

それでは，この言語の系統図と関連しているブリテン島にまつわる歴史を，概観してみよう (君塚, 2015a; 指昭, 2015)．

1. 文献などの記録はないが，先住民族が住んでいたとされ，紀元前4000年ごろからは農耕・牧畜が始められ，新石器時代に入った．その後，紀元前2200年～2000年ごろ，ヨーロッパ中央部のビーカー人 (Beaker folk) と呼ばれる人たちが，青銅器文化をもたらしたと考えられている．ストーンヘンジ (Stonehenge 図2.1参照)[*1]という有名な遺跡が，

[*1] イギリス南部ソールズベリー近くにあるストーンサークルである．円陣状に並んだ直立の巨石と土塁からできている遺跡．目的などについてはまだよくわかっていないようだ．なお，墓地としての役割があったようで，ベルギー・ブリュッセル自由大学のクリストフ・スノークによる研究によれば，紀元前3180～2380年に埋葬された人骨を調査した結果，15人は現地

紀元前 3000 年ごろから 1,500 年以上かけて段階的に作られるようになり，先住民族やビーカー人が建築した可能性がある．

図 2.1　ストーンヘンジ

2. 紀元前 2000 年頃，アルプス山脈の北部に定住し，その後 1,000 年以上かけてフランスやイベリア半島などに勢力を拡張していったケルト人が，紀元前 700 年前後になるとブリテン島南部に定住するようになり，ブリトン人 (Britons) と呼ばれるようになる．鉄器文化もこの頃に入ってきたようである．なお，スコットランド北西部（ハイランド Highlands）にいた人たちは，ピクト人 (Picts) と呼ばれていた．[*2] 彼らは鉄器をもたらしたと考えられているが，それまで現地にいた先住民との関係がどうだったのかは，不明である．支配したのか，追い出したのか，虐殺したのか，それとももともと同じ人たちだったのか．
3. ユリウス・カエサル (Julius Caesar) が，紀元前 55 年，54 年に渡ってブリテン島に進出する．東南部を一時期支配したが，最終的には失敗に終わる．
4. ローマ皇帝クラウディウス (Claudius) が，紀元後 43 年にイギリス諸島を征服．しかしながら，ブリテン島の北部の進行は食い止められる．ローマはスコットランドをカレドニア (Caledonia「森」というラテン語) と呼び，支配地域をブリタニア (Britannia) と呼んだ．しかし，征服は完全なものではなく，頻繁に諸部族の反乱があった．とくに，北東部のイケニ族の女王ボウディッカは，自分も二人の娘も陵辱を受けていたほどであったが，ロンドン近辺で多くのローマ人を虐殺

の人間で，10 人がウェールズ西部で暮らしていた可能性が非常に高いという．ストーンヘンジはウェセックス地域にあり，ウェールズ西部は 200 キロ以上離れた場所にあるが，太古の昔，この両地域で密な関係があったことは間違いなさそうだ (Snoeck et al., 2018).

[*2] 3.1.4 も参照のこと．

2.1 言語の親戚関係

したという．しかしながら，最終的には反乱は鎮められ，ボウディッカは毒を飲んで自ら命を絶つことになった．

5. その後，紀元後 122 年から 132 年のあいだ，ハドリアヌス帝 (Hadrianus) の時期に，ローマはスコットランド近辺まで進出し，ハドリアヌスの長城 (Hadrian's Roman Wall 図 2.2 参照) を建築し，境界線とした（東西 116km，高さ 5m にも及ぶ）．これで，イングランド地方にはローマ人，辺境のスコットランドやウェールズ，コーンウォールにはケルト人が住むという図式になった．[*3]

図 2.2　ハドリアヌスの長城

6. 大陸ヨーロッパで，ゲルマン人に自分たちの領地が脅かされると，ローマ帝国は 409 年，ブリテン島から撤退を決める．
7. 5 世紀から 6 世紀にかけて，手薄になったイングランド南部に，サクソン人，イングランド北部にアングル人，ケント地方にジュート人などゲルマン系の人たちが渡来してきた．彼らを総称して，アングロ・サクソン (Anglo-Saxon) と呼ぶ（図 2.3 参照）．ゲルマン系のアングロ・サクソンたちに西方や北方に追いやられた土着のブリトン人たちの間では，抵抗の象徴として「アーサー王伝説」が生み出されていくこととなる．

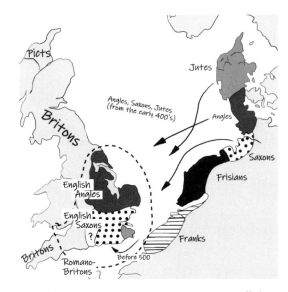

図 2.3 アングロ・サクソンとジュート人の襲来

　こういう歴史を踏まえると，英語とドイツ語が縁戚関係にある理由もわかるだろう．英語は，ゲルマン民族であるアングル人 (Angles) が話す言葉ということで，English と呼ばれるようになった．アングリア（イングランド）という名称は，ローマ教会が採用していたため，サクソン人やジュート人などもそのうち使用するようになってきたわけだ．

　このように順次，アングロ・サクソンはブリテン島にやってきたが，各地に小さな王国を立てていくようになり，7 世紀の末にはジュート族のケント (Kent)，サクソン族のエセックス (Essex)，サセックス (Sussex)，ウェセックス (Wessex),[*4] アングル族のイーストアングリア (East Anglia)，マーシ

　　[*3]この時期にローマからいろいろな物が流入してきたが，有名なものの一つにバース (Bath) の開発がある．ケルト人がこのイングランド西部の都市にいたころから，温泉は利用されてきたようだが，城壁で囲むなど本格的な温泉施設にしたのは，ローマのテルマエ（公衆浴場）の文化であろう．なお，この都市の名前は印欧祖語の「暖めること」から由来していると考えられている．

　　[*4]East Saxons → Essex, West Saxons → Wessex, South Saxons →Sussex という変

2.1 言語の親戚関係

ア (Mercia), ノーサンブリア (Northumbria) の七つが, 七王国 (Heptarchy 図 2.4 参照) と呼ばれるようになった.

図 2.4 七王国

　七王国の境界線は必ずしも一定ではなく, 勢力も均衡していたわけではなかったが, ノーサンブリア, マーシア, ウェセックスの三つが主要な存在となっていた. とくに, マーシアのオファ (Offa, 在位 757-796 年) は, ヨーロッパにも多くの記録が残り, その実在が確実視されている有力な王であった. エセックスやウェセックスの王家を滅ぼし, ウェールズとの国境に防塁を築いた. また, 法典を編纂し, オファ王の銀貨として知られる横顔の刻まれた銀貨を広くイングランドで流通させた. しかしながら, オファの死後はマーシアの勢力も衰えるようになってきた. さらに, 800 年代頃からヴァイキング (Viking) と呼ばれるデーン人たちが力をつけてくるようになってきた. ヴァイキングは古アイスランド語で「入江に住む人々」という意味があり, 進んだ造船技術と軍事力によって, シェトランド, オークニー諸島, マン島やアイルランドに侵攻し, 定住するようになった. また, パリも制圧

化にも注意しておこう. サクソン人の国家ということがわかるはずだ.

し，講和のための平和金も獲得した．865 年には，騎馬部隊を駆使してウェセックスまで侵攻したが，同様に騎馬部隊を取り入れ，砦を築いて徴兵制を取り入れることによって，ウェセックスのアルフレッド大王 (King Alfred) がなんとか侵攻を食い止めることに成功した．

こういった経緯があるため，今日残っている古英語のほとんどの文献は，ウェセックスのものである．ノーサンブリアの文献は，7 世紀から 8 世紀にかけてのものがたくさん残っている．マーシアの文献は，その多くが失われてしまった．それに加えて，ケントの方言も注目されることがあるが，8 世紀から 9 世紀の文献が部分的に残っているだけである (Crystal, 2018)．古英語に関する状況としては，中央政府などもなかったことから，この時期の英語に「共通語」となるような標準化はなされていなかったと考えるべきだろう．かろうじて，アルフレッド大王の時期のウェセックスが，「中心」と呼べる存在だったのかもしれない．

このようにして，イングランド中央部にゲルマン系民族が住むようになり，英語がブリテン島に流入するようになってきたわけである．その英語の祖先にあたるゲルマン語派が，印欧祖語から別れた後に起きたとされる，重要な言語の音韻変化について触れておこう．まずは，通称「グリムの法則 (Grimm's Law)」と呼ばれる，第一次子音推移 (First Consonant Shift) だ．

第一次子音推移は，印欧祖語からゲルマン語派に分離したさいに，以下のような子音変化を経たと考えられている．

(3)　a.　/p, t, k/ → /f, θ, h/
　　　b.　/b, d, g/ → /p, t, k/
　　　c.　/bʰ, dʰ, gʰ/ → /b, d, g/

この子音推移は，紀元前 5000 年から紀元前 2000 年ごろに起こったと考えられている．

2.1 言語の親戚関係

グリム兄弟

グリムという名前に聞き覚えのある人は多いだろう．兄はヤコブ (Jacob)，弟はヴィルヘルム (Wilhelm)．どちらも言語学者であり，かつ民話の収集家・文学家であった．集めた民話は『グリム童話』として出版され，現代でも広く知られるようになった．白雪姫，シンデレラ，ヘンゼルとグレーテル，ブレーメンの音楽隊など，話の詳細は変われど，現代の日本でも語り継がれるような，魅力的な民話が非常に多い．

なお，グリムの法則は兄のヤコブが発見したとされているが，最初にこの事実を指摘したのはラスムス・ラスク (Rasmus Rask) であると考えられている．

音声学については第 1 章で詳しく述べた通りであるが，ちょっと復習しておこう．まずは，(3a) にある通り，無声破裂音である /p, t, k/ が，無声摩擦音の /f, θ, h/ へと変化した．破裂音と摩擦音に関して不安だという人は，1.3 をもういちど読み直してほしい．また，調音点についても，28 ページの表 1.4 を見て確認しておこう．破裂音は呼気をせき止めて破裂させる音，摩擦音は呼気の流路を少し狭めて妨害する音だった．また，調音点の位置も少し変わっただけ，ということが確認できるだろうか．

(3b) では，有声破裂音が無声破裂音に変化しているのが見てとれる．声帯を使って出していた音が，声帯を使わないようになったわけだ．調音点と調音法は変わっていないということに注意したい．(3c) の変化もわかりやすく，有声帯気破裂音が，それぞれ対応する有声破裂音へと変化している様子がわかる．

この第一次子音推移は，ゲルマン語にだけ起こったので，その他の印欧語ではあまり変化せずにそのまま残っている．その結果について，ちょっと考えてみることにしよう．

英語	ドイツ語	ラテン語	イタリア語	フランス語
fish	fisch	piscis	pesce	poisson
father	vater	pater	padre	père
foot	fuβ	pes	piede	pied
two	zwei	duo	due	deux
ten	zehn	decem	dieci	dix

表 2.2　第一次子音推移の検証

　最初の三つの単語に関してはわかりやすい．冒頭の /f, v/ がゲルマン語で，ラテン語とラテン語から派生したイタリア語とフランス語では，/p/ の音がそのまま残っている．最後の二つは d → t への変化である（ドイツ語の冒頭の z は無声音である）．

　例として語頭の /p/ → /f/ への変化を書いてみると，以下の図のようになる．

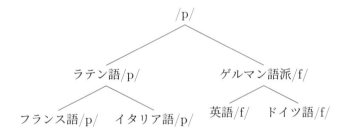

　ここであげた単語は，すべて日常生活で使用するような基本語彙である．基本語彙は外来語の流入が少ないとされ，新しい単語になかなか置きかわることがない．こういった単語における音韻変化の体系性を考えていけば，言語の系統図が見えてくるようになり，かつ，昔の言語の発音に関してもかなり正確な形で復活させることができる．この種の研究方法は，比較言語学では「再建 (reconstruction)」と呼ばれ，かなり精緻な形で研究が行われてきたのである．

2.1 言語の親戚関係

> **音声的偏り**
>
> /p/が摩擦音化する現象はこの第一次子音推移の他にも，日本語における/p/ → /ɸ/への変化でも同様であった．この方向の言語変化はあっても，逆方向の例は観察されないことが知られている．この種の現象は，音声的偏り (phonetic bias) と呼ばれている．理由としては，調音上の問題や空気力学的制約，知覚上の解析などが考えられる (服部・児島, 2018).

　この第一次子音推移の後，ゲルマン語が他の言語と音声的に区別されるようになった．その後，紀元後5世紀ごろに高地ゲルマン語（ドイツ中心部から南部などの方言群のこと）だけに子音変化が起こり，低地ゲルマン語（オランダ語，フラマン語などを含むドイツ北部の方言群のこと）には起こらなかった．標準的な現代ドイツ語は，高地ゲルマン語の系列であり，古英語は低地ゲルマン語と同じく，以下の子音推移が起こらなかったため，英語とドイツ語とのあいだで子音が表 2.3 のように違っているのである．この変化は，第二次子音推移と呼ばれている．

(4)　a.　/p/ → /pf, f/

　　　b.　/t/ → /ts, s/

　　　c.　/k/ → /kx, x/

	英語	ドイツ語
	book	Buch
openian (= open)		offan
etan (= eat)	ezzan (= essen)	
tien (= ten)		zehan

表 2.3　第二次子音推移の検証

　第一次子音推移は，アングロ・サクソンがブリテン島に侵入してくる前の，大陸ヨーロッパにいた時期に起こっていたということにも注意したい．

ユトランド半島からブリテン島にやってきたゲルマン人は，主に，アング
ル人，サクソン人，ジュート人だったが，ユトランド半島は現代のデンマー
クであることから，イギリス人はデンマークにルーツがあると言っても過言
ではない．その間接的な証拠は，『ベーオウルフ (Beowulf)*5』にも反映さ
れている．

アングル人が住んだ土地は Angla land と呼ばれ，それが England に繋
がったとも言われている．アングロ・サクソンの支配地域はコーンウォー
ル (Cornwall) を除く現在のイングランドだったわけだが，ウェールズ，ス
コットランド，アイルランドには，アングロ・サクソンの支配が及ばなかっ
た．そういう土地では，アングロ・サクソンの前に住んでいたケルト系の住
民の言語が生きつづけ，ウェールズ語 (Welsh)，スコットランド・ゲール語
(Scottish Gaelic)，アイルランド・ゲール語 (Irish Gaelic) などとして存在
している．19 世紀ごろまで存在していたコーンウォール語 (Cornish) もケ
ルト系の言語である (Baugh and Cable, 2012).

アングロ・サクソンが定住して以来，歴史上の大きな出来事が二つあるの
で，それを紹介しておこう．

(5)　a. 8 世紀から 11 世紀にかけて，ヴァイキングとも呼ばれたデーン
人による侵入を受け，北東の大部分を支配下に置かれたが，ウェ
セックスのアルフレッド大王がようやく侵入を防いだ．この詳
細は，ウェスト・サクソン方言で書かれたアングロ・サクソン年
代記 (Anglo-Saxon Chronicle) に書かれている．878 年に，ア
ルフレッド大王はデーン人と条約を結び，ロンドンからチェス
ター方向の線から東北側をデーン人が統治できる地域，つまり
デーンロー (Danelaw) として認めた（図 2.5 参照）．デーン人
が襲来した頃，イングランドではイースト・アングリア，ウェ
セックス，マーシア，ノーサンブリアが残っていたが，この戦
闘のために実質ウェセックスだけが残る形となり，アルフレッ

---

*5次節参照のこと.

2.1 言語の親戚関係

ドの孫のアゼルスタンの時にイングランドを統一した形となった．アゼルスタンは神聖ローマ帝国と同盟を結び，有力者たちと賢人会議 (Witenagemot) を開き，立法や司法を協議し，キリスト教の重要な行事であるクリスマス，イースターを定期的に開催するようになった．さらに，1016 年には賢人会議の承認も経て，正式にデーン人のクヌート (Canute, Cnut, Knut) がイギリス王になるという事態が起こった．

b. ウェセックスの地方領主（伯 (earl)）であったゴドウィンに担がれた，エドワード王 (Edward)[*6] が 1042 年に王位に就いた．即位するまでの 25 年間をノルマンディで過ごしていたため，ふだんはフランス語を使用しており，側近にも多くのノルマン人を就けたため，ゴドウィンと対立して不利になり，傀儡政権とされた．そして，1066 年にエドワード王が亡くなると後継争いが起こった．まず，賢人会議でウェセックス伯ハロルド (Harold II) が推薦され，王位に就いたのだが，これにエドワード王の母と血縁関係にあった，フランス北西部ノルマンディーの公爵ノルマンディー公ウィリアム (William of Normandy)[*7] と，ノルウェー王のハーラルが異議を唱えた．ハロルド二世はハーラル軍をスタンフォード・ブリッジで殲滅し，ハーラルも討ち取った．これをきっかけに，デーン人がイングランドに襲来してくることもなくなった．一方で，ノルマンディー公ウィリアムは，ハロルド二世とハーラルの戦争の 3 日後にノルマンディからイングランドに上陸．急追，南下してきたハロルド二世をヘイスティングズの戦いで討ち取り，政権を握ることになる．これ以後が有名なノルマン・コンクェスト (Norman Conquest) と呼ばれる体制であり，イギリスの公用語がフランス語になった．

[*6] 「証聖王 (the Confessor)」と呼ばれた．ウェストミンスター大寺院 (Westminster Abbey) を建設したことで有名だ．

[*7] ウィリアムという名前はゲルマン系のものだが，フランス語では「ギヨーム (Guillaume)」と呼ばれる．英語では語頭の/w/がフランス語では/g/になる現象は他にも waffle と gaufre「ゴーフル（フランスの洋菓子）」があるようだ．(「ワッフルの仲間たち」http://user.keio.ac.jp/ rhotta/hellog/2009-07-12-1.html)．なお，エドワード証聖王は生前にノルマンディー公ウィリアムを後継に就けようとしていたとされる．

図 2.5　デーンローの位置

デーン人

ヴァイキングとも呼ばれた 800 〜 1050 年あたりにかけて西ヨーロッパ沿海部を侵略した北方系ゲルマン人である．北の民ということで，ノルマン人 (Normans) とも呼ばれている（その一派である）．航海技術に非常に優れ，略奪・植民を繰り返す戦闘民族のようなイメージがあるが，基本的には農業・漁業・交易で生計を立てていたと考えられている．ステレオタイプとして，角のついた兜と毛皮のベストを思い浮かべられることが多い．しかし，考古学的な証拠はほとんどなく，一部の族長の格好にすぎないと想像されている．ヴァイキング戦士の格好として一般的なのは，頭部を覆う兜と，チェーンメイル（鎖かたびら）の，同時代の西欧の騎士とほぼ同様だったというのが事実のようだ．

当時は無人だったアイスランドに住み着き，アルシング（全島集会）に基づいた民主主義社会を形成し，985 年にはグリーンランドも発見し，植民を行ったことが知られている．1000 年前後には，グリーンランドを開拓した赤毛のエイリークの息子である，レイフ・エリクソンが北米に渡り，ヨーロッパ人による初めてのアメリカ進出がこの時

2.2 古英語

> 期に行われていたということがわかっている．また，その定住地が，カナダの東部で見つかっている．
>
> 同時代のことを扱うヴァイキング戦士による物語『ヴィンランド・サガ (Vinland Saga)』という漫画が人気があり，アニメ化された．トルフィンこと，ソルフィン・カルルセフニ・ソルザルソンが主人公であり，レイフ・エリクソンや，英国王になったデーン人のクヌートも登場する．[8]

　デーン人による侵出があったせいで，彼らが話していた古ノルド語も，英語に影響を及ぼすことになる．また，ノルマン・コンクェストはかなり大きな時代的出来事なので，アングロ・サクソンがブリテン島にやってきた時期から，この1066年までの時期の英語を「古英語」と呼び，一つの区切りとすることが多い．それでは，次節で古英語について詳しく説明していくことにしよう．

2.2　古英語

　アングロサクソン年代記にも受け継がれた聖職者ベーダ (Bede) による『イングランド教会史 (The Ecclesiastical History of the English People)』によれば，449年にブリトン人（ケルト）の王であったヴォーティガン (Vortigern) が，北方のピクト人・スコット人を撃退することを期待して，勇猛なゲルマン人であるアングル人，サクソン人，ジュート人を招き寄せたのが，有史でわかる古英語 (Old English) の始まりである．じっさいにはこれ以前にも，アングロ・サクソンの侵出はあったものと推測はされている．

　そして，1066年のノルマン・コンクェストまでが古英語の時期である．古英語の時期については諸説あるが，おおむねこの前後で推移していると考え

---

[8]詳細な人物関係については，大沼由布先生のコメントも参考になった．記して感謝申しあげる．

図 2.6 ヨークの街を囲んでいる城壁 (wall). ローマ帝国が支配した頃から壁が作られ, ノーサンブリア, ヴァイキング支配時代の中心都市であった.

て間違いはない. 時代区分のきっかけとなる大きな出来事は指摘できるが, 言語変化は社会の変化と即座に連動するわけではなく, 連続的なものなので, 1066 年を境にとつぜん古英語から中英語に変化したわけではないということには注意が必要だ. [*9]

この時期の主要文献は 8 世紀以降のものだが, 非常に限られた分量であり, 以下のようなものがある. Crystal (2018) によれば, トロント大学で所蔵している古英語コーパスの単語数がおよそ 350 万語であり, ちょうど 30 冊程度の一般的な小説を合わせた長さと同じ程度のものである. これが, 古英語の資料として残っているほぼすべてである.

(6) a. 聖職者のベーダが 731 年にラテン語で書いた『イングランド教

[*9] 日本でも, 幕末から明治に変わった瞬間に, いきなり人の話し方が変わったわけではない. チョンマゲをザンギリ頭に変えた瞬間に言葉が変えられるほど, 人間は器用ではないのだ.

2.2 古英語

会史 (Historia ecclesiastica gentis Anglorum)』を，アルフレッド大王の時代に英訳した The Ecclesiastical History of the English People. ユリウス・カエサルのイギリス侵攻から 730 年ごろまでの歴史が描かれている．英国図書館が一部資料を公開しているので，閲覧が可能である．

(https://www.bl.uk/collection-items/bedes-ecclesi astical-history-of-the-english-people)

b. 『ベーオウルフ (Beowulf)』．当時の代表的な叙事詩である．750 年ごろに成立したと推定されており，現在では 1000 年ごろに書かれた写本が残っている．ゲルマン（スカンジナビア）の英雄ベーオウルフがデネの国（デンマーク）に赴き，怪物グレンデルを退治する話．帰国後，王となり 50 年統治するが，龍を倒した後，自分も死ぬことになる．以下のケンタッキー大学のウェブサイトで閲覧が可能である．

(http://ebeowulf.uky.edu)

c. 『アングロ・サクソン年代記 (Anglo-Saxon Chronicle)』．アルフレッド大王が編纂を始めた歴史書．コピーが九つ残っており，古いオリジナルの版は紀元前 60 年から，そしておよそ 12 世紀半ばまでの歴史を扱っている．英国図書館が現物のコピーを公開しているので，閲覧が可能である．

(https://britishlibrary.typepad.co.uk/digitisedmanusc ripts/2016/02/anglo-saxon-chronicles-now-online.html)

それでは，古英語の特徴について，順を追って考えていくことにしよう．

2.2.1 言語接触と語彙

アングロ・サクソンがブリテン島に侵出してくるまでは，ケルト人が先住民として住んでいたが，ケルト系の言語が英語に大きな影響を与えたと考えられる部分は，非常に限られている．影響があったのは地名で，イギリスの地名はケルト語派由来のものが多くあり，下記に示すようなものがある．一部，日常語彙も使用されていたが，ほとんどは現在まで残っていない．似た

ような事例として，日本ではもともとアイヌが住んでいた北海道に明治以降，和人が移住してきたわけだが，北海道の地名の多くがアイヌ語にちなんでいるということにも注目しておきたい．例をいくつかあげておくが，当て字が多いため，初見で読める人は少ないように思われる．いくつ読めるだろうか (寺澤, 2008)．

(7)　a.　London「ロンドン（剛勇の者）」，Thames「テムズ川（薄黒い川）」，Avon「エイヴォン川（川）」，Dovar「ドーヴァー（水）」，Eccles「エクルズ（教会）」，Bray「ブレー（丘）」，Kent「ケント（境界の土地）」

　　　b.　札幌「さっぽろ，サッ・ポロ・ペッ（乾いた・大きい・川）」，藻岩山「もいわやま，モ・イワ（小さな岩山）」，豊平「とよひら，トウィエ・ピラ（崩れた崖）」，花畔「ばんなぐろ，パナ・ウン・クル（川下の人）」，濃昼「ごきびる，ゴキンビリ（岩と岩の間）」，小樽「おたる，オタ・オル・ナイ（砂浜の中を流れる川）」，苫小牧「とまこまい，ト・マク・オマ・ナイ（沼の奥にある川）」，稚内「わっかない，ヤム・ワッカ・ナイ（冷水のある沢）」，知床「しれとこ，シレトコ（地の果て）」，富良野「ふらの，フラヌィ（臭い匂いのする所）」

　この次に考えられる言語接触としては，ラテン語がある．ラテン語はローマ帝国で使用されていた言語である．学問・宗教でも使用されていた言語であるということから，アングロ・サクソンが大陸ヨーロッパにいた時代から，かなりの影響が英語に及ぼされたものと考えられる．また，ローマ帝国がブリテン島を支配していた時期に，ケルト人の言語にも影響を与えたことだろう．それに加えて，下記の出来事によって，ラテン語は大きな影響をもつことになる．

- 6世紀半ば，聖コルンバ (Saint Clumba, 521?-597) がアイオナ島に修道院を建立し，布教活動を行った．
- 6世紀末，教皇グレゴリウス (Gregory I, 540?-604) の命により，聖アウグスティヌス (Saint Augustine, ?-604, 初代カンタベリー大司教) が七王国の一つケント王国に遣わされ，キリスト教の布教が始まる．

2.2 古英語 85

そういうわけで，キリスト教経由で英語に入ってきたラテン語は多い．euangelium は godspell 'good news' となり，これが短縮されて gospel となっている．dominus は hlafweard 'guardian of the loaf' となり，Lord という単語になっている．infernum は hell になったが，これはゲルマン語で hidden place という意味だった．このように，外来語としてそのまま入ってきたものも多いが，翻訳借用 (loan translation) や意味借用 (semantic borrowing) といった形で入ってきたものも多い．

翻訳借用とは，ある言語が他の言語から単語を借用するときに，借用元の語の意味を翻訳して取り入れたりする現象のことである．たとえば，英語の keyboard の key と board をそれぞれなぞって「鍵盤」としたり，airport を「空港」としたりする借用法のことである．意味借用は翻訳借用に似ているが，存在している語彙に対して，借用元の言語における用法に，付け加えや意味の拡張が行われたりするのが特徴である．新たな語彙を作り出すわけではない，というのが，翻訳借用との違いである．

翻訳借用の例としては Holy Ghost「聖霊」があげられる．ghost はもともと「魂，霊魂」の意味で使用されていたが，次第に意味が変化し，14 世紀末あたりには「亡霊，幽霊」の意味に変わってしまった．日本語でも「ゴースト」と言えば，幽霊を思い浮かべるだろう．現在の英語では「聖霊」の場合，Holy Spirit という語が使用される (Baugh and Cable, 2012)．

意味借用の例としては「復活祭」の Easter がある．Easter はもともとゲルマン民族に伝わる春の女神 Eostre の祝祭の意味であったが，ラテン語の Pascha「復活祭」から意味だけを借りて，今に至っているものである．ラテン語由来の外来語，翻訳借用，意味借用の例をまとめると以下のようなものがある (Baugh and Cable, 2012; Crystal, 2018)．

(8) a. 外来語：angel「天使」，candle「ろうそく」，heaven「天国」，hell「地獄」，minster「大聖堂」，monk「修道士」，pope「ローマ教皇」，priest「聖職者」，temple「神殿，聖堂」

   b. 翻訳借用：Holy Ghost「聖霊」＞ Sanctus Spiritus「聖なる霊」

c. 意味借用：Easter「イースター」

他にも，日常語彙など，幅広くある (Crystal, 2018).

(9) a. 日常語彙：plant「植物」，wine「ワイン」，cheese「チーズ」，cat「猫」，dish「料理」，candle「ろうそく」

b. 服：belt「ベルト」，shirt「シャツ」，shoemaker「靴屋」

c. 建物：wall「壁」，city「都市」

d. 商業：trade「取引」，buy「購入」，pound「ポンド（重さ）」

e. Chester, Doncaster, Lancaster, Manchester, Winchester などの地名，-chester, -caster はラテン語の castra「城砦に囲まれた町」に由来する．

イングランドには七王国ができたものの，デーン人の襲撃を受けてデーンロー以北はデーン人の治める地域になったのだった．8 世紀から 11 世紀半ばまでのあいだはヴァイキング時代とも呼ばれ，デーン人が使用していた古ノルド語の影響を強く受けるようになった．古ノルド語は，北ゲルマン語である．西ゲルマン語の英語と似ているところは多く，デーン人とイギリス人の意思疎通は容易だったかもしれない．たとえば，アイスランド・サガでは，ヴァイキングとイギリス人の意思疎通が可能だったと書かれている．[10]

古ノルド語から英語への借入は sky, skirt, skill など sk-で始まるものが多い．なお，skirt (>skyrta) は古英語に shirt という同じ語源の語が既に存在していたため，一方が「スカート」，もう一方が「シャツ」の意味になった．デーン人は裾の長いシャツを着ており，これがズボンの下まで下がっていたため，こちらが「スカート」の意味になったのだと考えられている．このように語源が同じだが，語形と意味が異なる語のペアを二重語 (doublet) と呼ぶことがある．

古ノルド語では，-by や-thorp(e) は「町」，「村」の意味で使用されていたが，この接尾辞がつく地名は現在のイギリスにたくさんある．また，thwaite

---

[10]ただし，漫画のヴィンランド・サガでは，異なる言語として捉えられているようだ．

2.2 古英語

は孤立した土地，toft は孤立した地といった意味だが，これに関連する地名もたくさんある (Baugh and Cable, 2012)．他にも，-gata「通り」の付いた Canongate のような-gate という地名もヨークシャーにはたくさんあるが，古ノルド語由来である．

　父称 (patronymic) の-son > -sen についてもおさえておこう．これは「〜の息子」という意味を表す命名法である．たとえば英語名 Anderson（古ノルド語では Andersen「アンデルセン」）は「アンドリューの息子」という意味である．父称は他の言語由来のものもあり，Browning (-ing 英語，「ブラウンの息子」)，Macdonald/McDonald, O'Brien (Mac-, O' ケルト系)，Fitzgerald (Fitz- フランス系) もその例に当たる．

(10)　a.　Althorp, Bishopsthorpe, Derby, Gawthorpe, Grimsby, Linghorp, Rugby[*11], Whitby

　　　b.　Applethwaite, Braithwaite, Cowperthwaite, Langthwaite, Satterthwaite

　　　c.　Brimtoft, Eastoft, Langtoft, Lowestoft, Nortoft

　　　d.　Canongate, Harrogate, Huggate

　　　e.　Anderson, Johnson, Stevenson

　古ノルド語由来の単語は他にもたくさんある．いくらか代表的な例をあげていくと，以下のようなものがある (Crystal, 2018)．

(11)　a.　動詞：call「呼ぶ」, die「死ぬ」, hit「叩く」, smile「笑う」, take「とる」

　　　b.　名詞：husband「夫」, knife「ナイフ」, leg「足」, skin「肌」, Thursday「木曜日」, window「窓」

　　　c.　形容詞：ill「病気の」, loose「緩やかな」, odd「奇妙な」, same「同じの」, weak「弱い」, wrong「間違った」

　語彙の借入により，英語の意味が狭まるような現象も出現してきた．古ノルド語から die という単語が入ってくると，同じ意味であった古英語の

[*11]ラグビー校がスポーツのラグビー (rugby) の語源であるとも言われている．

steorfan「死ぬ」はやがて特殊な意味を持つようになり，starve「餓死する」という意味で使用されるようになった．want も古ノルド語から入ってきたが，もともとは vanta「欠いている」という意味であり，18 世紀になってから「欲する」という意味で使用されるようになった．wanting は「欠いている」という意味の形容詞だが，この時の意味を残している．また，意味借用の現象も見られる．dream は，古英語では「喜び」の意味で使用されていたが，古ノルド語の draumr「夢」の影響を受け，現在の意味につながっている (寺澤, 2008)．

　言語接触があると，お互いの言語の語彙に影響を及ぼしあうわけだが，今まで見てきた通り，新しい語彙として入ってくる単語としては，名詞，動詞，形容詞といった意味内容のある，語彙範疇 (lexical category) であることがほとんどであった．これらの語彙は，言語学では，開いたクラス (open class) と呼ばれる．他言語の影響を受け，また他言語に影響を与える種類の単語であることが知られている．いっぽう，文法関係を表す代名詞，接続詞，前置詞といった，機能範疇 (functional category) と呼ばれる語彙は，閉じたクラス (closed class) という種類の単語である．通常は，言語接触があっても，他言語の影響はほとんど受けない．また，言語変化も比較的ゆるやかであることが知られている．しかし，古英語の三人称複数の代名詞が，古ノルド語の三人称複数の代名詞に置き換えられたり，接続詞の till も古英語に流入したりと，当時の古ノルド語の，英語への強い影響がうかがい知れる．もちろん，両者が言語として似通っているというのも，大きな理由の一つであっただろう．

(12)　a. 古英語の三人称複数の代名詞 hie, hora, him ⇒ they, their, them（古ノルド語由来）

　　　b. both, till も古ノルド語起源

　古ノルド語の単語が英語に流入してきた結果，発音が変わるということもあった．たとえば，語頭の g は，go の場合には発音は [g]，gentle の場合には [dʒ] と発音される．このパターンには規則性がある．直後に後舌母音が来る場合には [g] になり，前舌母音であれば [dʒ] である．なぜそうなるのか，もう一度，28 ページの IPA チャートを眺めながら考えてみてほしい．

2.2 古英語

[g] は軟口蓋破裂音である．舌を軟口蓋に接触させ，呼気をせきとめ，破裂させることによって出す音である．これが，直後の母音を発声するさいの舌の位置が前寄りか，後ろ寄りかによって影響されるのである．go のように後舌母音の [o] が続く場合，[g] の破裂の位置は軟口蓋のままだが，gentle のように前舌母音の [ε] が続く場合，それを見越して，破裂の位置を前に移動させてしまう．周囲の音の影響を受けるので，これは同化 (assimilation) の一種であり，軟口蓋から前方の硬口蓋へ向けて調音の位置が変わることは，口蓋化 (palatalisation) と呼ばれている．[*12] 口蓋化がさらに加速すると，[ʒ, j] へと音が変化することもある．

しかし，この説明にも例外がある．give は g の後に前舌母音の [ɪ] が後続しているため，[dʒɪv] という発音になると予測されてしまうが，じっさいには [gɪv] である．これはどうしてだろうか．この理由については，古ノルド語の影響がある．まず，ゲルマン祖語の getan は分化して，以下のようになっていた．

(13)　a.　古英語：gietan
　　　b.　古ノルド語：geta

古英語では口蓋化が起こっており，語頭の [g] が [j] に変わっていた．しかし，古ノルド語では口蓋化が起こっておらず，語頭の [g] の音は保持されていたままだった．古ノルド語の give はこのまま英語に入り込み，[g] の音を保持したまま現代英語まで残っているのである．つまり，口蓋化が起こっていた語頭の /j/ に置き換わったわけだ (Hogg et al., 1992).

古英語と古ノルド語は親戚関係にある．give のような基本単語であっても，置き換えの現象が観察されるほど，古ノルド語は古英語にしっかり影響を及ぼしていた証拠であると考えられるだろう．

なお，古英語の 85% ほどの単語はもう使用されなくなっており，3% が

[*12]第 1 章の練習問題 (10) も思いだしておこう．

借用語である．いっぽう，現代英語の 70% が借用語であることを考えれば，どれだけ借用語が少なかったかもわかるだろう (Crystal, 2018).

2.2.2 古英語の文法

古英語の文法について話を進める前に，基本的な概念についておさえておこう．屈折 (inflection) という概念についてだ．屈折とは，さまざまな語が文中において役割や関係に応じて，語形を変化させることをいう．動詞に関わる，法 (mood)，時制 (tense)，相 (aspect)，態 (voice)，人称 (person)，数 (number)，性 (gender) などを示すために付加される屈折を，活用 (conjugation) と呼び，名詞・代名詞などに関わる屈折を，曲用 (declension) と呼んでいる．では，品詞ごとの特徴を具体的に見ていくことにしよう．

古英語の名詞

古英語は，文法性 (grammatical gender) が，男性 (masculine)，女性 (feminine)，中性 (neuter) の三種類あった．文法性は，名詞ごとの種類を分類しているものだが，自然性 (natural gender) とは必ずしも一致するものではない．たとえば，wīf「女性」が中性であったり，mōna「月」が男性であったりする．下記に示すように，曲用が文法性ごとに異なるということだけ理解できればよい．

	単数	複数
主格	stān	stānas
属格	stānæs	stāna
与格	stānæ	stānum
対格	stān	stānas

表 2.4 男性名詞 stān 'stone'

数 (number) の単数，複数の区別は，現代英語にもあるのでわかりやす

2.2 古英語

	単数	複数
主格	hus	hus
属格	huses	husa
与格	huse	husum
対格	hus	hus

表 2.5　中性名詞 hus 'house'

	単数	複数
主格	lufu	lufa
属格	lufe	lufa
与格	lufe	lufum
対格	lufe	lufa

表 2.6　女性名詞 lufu 'love'

いだろう．格も，それなりに想像はつくかと思う．主格 (nominative) は，現代英語にもあるとおり，主に主語になる時の名詞の形態である．対格 (accusative) は，直接目的語になっているさいの形態，与格 (dative) は，間接目的語のさいの形態である．属格 (genitive) は，主に現代英語の所有格に対応するもので，所有，部分関係，名詞の修飾，動詞の目的語，副詞として使用されるさいの形態である．また，指示代名詞と疑問代名詞のさいに出てくるが，具格 (instrumental) という，手段や様態の副詞，比較表現で使用される形態もある．

なお，名詞の形態変化としては，強曲用 (strong declension) と呼ばれる，屈折が豊かなタイプの名詞と，弱曲用 (weak declension) と呼ばれる，屈折がそれほど豊かではないタイプの名詞に分けられたりもするが，ここでは強曲用の名詞を紹介している．

ウムラウト型変化 (umlaut, mutation) についても説明しておこう．これ

は，母音変異と訳されることもある現象で，語の前にある母音が，後ろの母音の音に近くなる現象一般のことをいっている．

　これだけではわからないので，具体例を見ていくことにしよう．たとえば，に manniz 'men' という単語があった．これは，母音の/a/に強勢があったのだが，語の後ろにある複数語尾-iz の母音/i/による影響を受け，/a/が/i/に近づこうとして，/e/へと変化した．それで，manniz は menniz へと変化し，複数語尾が消失することで menn になり，その後，men へと変わって現代英語に受け継がれるようになったわけである．この種の古英語以前に起こったウムラウト現象を考慮して，men のような複数形は，ウムラウト複数形，ないしは母音変異複数形 (umlaut plural, mutation plural) と呼ばれている．他にも，women, feet, teeth, mice などがウムラウト複数形の例である．

古英語の人称代名詞

　名詞に続けて，代名詞の形態について考えていこう．古英語の代名詞には単数と複数の区別の他に両数 (dual) というものがあった．つまり，一つのものは単数，二つのものは両数，三つ以上のものは複数，という区別をしていたわけである．

	単数	両数	複数
主格	ic	wit	wē
属格	mīn	uncer	ūser
与格	me	unc	ūs
対格	mec	uncit	ūsic

表 2.7　古英語の一人称代名詞

　二人称単数で使用される þ について言及しておこう．現代英語で使用されているアルファベットは，ラテン文字である．6 世紀にキリスト教の伝来と共に伝えられた．それまでは，古代ゲルマン人のあいだで使用されていたルーン文字 (runes) が使用されていた．ラテン文字は急速にブリテン島に広

2.2 古英語

	単数	両数	複数
主格	þū	git	gē
属格	þīn	incer	ēower
与格	þē	inc	ēow
対格	þē	inc	ēow

表 2.8　古英語の二人称代名詞

	男性単数	女性単数	中性単数	複数
主格	hē	hēo	hit	hī, hēo
属格	his	hire	his	hira,heora
与格	him	hire	him	him
対格	hine	hī	hit	hī, heēo

表 2.9　古英語の三人称代名詞

がったが，それでも th（有声・無声音両方）の音を表す þ(thorn) と，現在の w の音を表す p(wynn) は使われつづけた．また，git と gē で使用されている g は，口蓋化によって [j] に相当する発音になっていたと考えれば，現代の you とのつながりも見えてくるはずだ．

　90〜91 ページで，三人称複数の代名詞が，古ノルド語の they にやがて取って替わられることについては，すでに述べた．また，二人称代名詞は，やがて単数と複数の区別を失い，現在の you へとつながっている．

　これに関しては大きな要因が二つある．一つが「君主の we (Royal we)」による影響であるとする考えである (橋本, 2005)．由来は，ローマ帝国の寡頭政治時代にある．複数のリーダーが決めたことを一人のリーダーが発表するさいに一人称複数の代名詞を使用したこと，それに対して，臣下の側は君主に複数の ye (= you) で呼びかけた習慣が拡張し，二人称複数の代名詞が敬意を表すことから，こちらの用法が一般的になった．その結果，目下の者

や，親しい者に対しての使用に限られた，二人称単数の代名詞 thou の使用
が減ってきたため，中英語で消失するようになったとする考えである．

　もう一つは，フランス語の二人称代名詞の区別と同じく，二人称複数の代
名詞は，指し示す対象を ぼかす 働きがあることから敬意を表すようになり，
こちらが重視され，二人称単数の代名詞が徐々に使用されなくなったとする
見解である (寺澤, 2008)．どちらの見解も，「敬意」という立場では一致し
ており，両者は互いに相反する見解でもない．どちらも十分にありうる話で
ある．

二人称単数の代名詞

スコットランドのアバディーンでは，現在でも相当数の話者が，単数
の場合の you に対して，単数の動詞 (e.g. was) で呼応する例も見ら
れる．また，we に関しても単数で呼応する場合がある．この種の変
異に関する理論的な説明に関しては，Adger (2006) を参照のこと．

古英語の動詞

　古英語の動詞の活用は複雑だ．まずは，以下の四つの要因が，動詞の活用
を定めていたということを確認しておこう．

(14)　a.　時制 (tense)：過去 (past, preterit)

　　　b.　法 (mood)：直説法 (indicative)，接続法 (subjunctive)，命
令法 (imperative)

　　　c.　数 (number)：単数 (singular)，複数 (plural)

　　　d.　人称 (person)：一人称 (first person)，二人称 (second person)，三人称 (third person)

　古英語の動詞の活用には，現代英語の不規則動詞に対応する強変化動詞
(strong verb) と，規則動詞に対応する弱変化動詞 (weak verb) がある．強
変化動詞は，動詞の語幹を変えることによって活用する動詞であり，以下の

2.2 古英語

ような変化が見られた.

	一人称単数	二人称単数	三人称単数	複数
直説法現在	stele	stilst	stilþ	stelaþ
直説法過去	stæl	stæle	stæl	stælon

表 2.10　stelan 'steal' の直説法

	単数	複数
接続法現在	stele	stelen
接続法過去	stæle	stælon
命令法	stel	stelaþ

表 2.11　stelan 'steal' の接続法・命令法

弱変化動詞は, /d/ないしは/t/を接尾辞とすることによって, 過去形と過去分詞形を作った. たとえば lufian 'love' の過去形は lufode, 過去分詞形は lufod といった具合である. [13]

現代英語と同じく, 古英語でも強変化動詞の数は弱変化動詞に比べて圧倒的に少ないが, そのうち三割程度が不規則動詞として生き残り, 三割程度が規則変化動詞に変わり, 残りは消失したと考えられている.

また, 古英語の三人称単数の語尾-(e)þ は, 中英語から近代英語の時期にかけて生き延び, 現代英語の三人称単数現在の-s になったと考えられている (堀田, 2016). 二人称単数の代名詞も使用されなくなり, -st の語尾も不要になったからだ. ただ, 現代英語の三人称単数現在の-s の語源については諸説あり, 中英語期の北部 (Northern) 方言の屈折が一般化したなど, いろい

---

[13]強変化動詞でも, 弱変化動詞でも, さらに細かく分類され, それぞれ屈折が異なりうるが, ここではそこまでは立ち入らない. 詳しく知りたければ, Hogg et al. (1992) を参照のこと.

ろな見解がある (Hogg et al., 1992). なお, hath 'has' と doth 'does' の綴りは, 19 世紀まで-th (>-eþ) という綴りを保っていた.

ケニング

複合/合成 (compounding) による単語形成で, 隠喩を伴った複合語のことをケニング (kenning) と呼び, 古英語のころによく使用されていた. たとえば, hronrād 「鯨の道 ＝ 海」, heofon-weard 「天の守り手 ＝ 神」や, feorth-hūs 「命の家 ＝ 身体」などである. また, lord 「主人」はもともと, hlāford という古英語由来の単語であり, これは hlāf-weard 「パンを守る者 ＝ 一家の主人」という意味から発達している. lady も hlǣfdige 由来であり, この単語は「パンをこねる者」という意味であった.

しかしながら, 『ベーオウルフ』でも, 人を表す単語に rinc, guma, secg, beorn など多数あったり, 903 例のケニングの用例のうち, 578 例が一度しか使用されていないなど, そのすべての正確な意味を推測するのは中々難しいようだ (Crystal, 2018).

語形変化と統辞変化

古英語の代表的な作品の『ベーオウルフ』の冒頭を確認していこう. 語順, とくに動詞の位置に注目してもらいたい. SOV という語順で, 他動詞が目的語に後続している例がいくつか見つかるだろう (Crystal, 2018, 11). なお, この冒頭に関しては, 当時の発音をデイヴィッド・クリスタルが再現した音声をケンブリッジ大学出版のサイトで聞くことができる. (https://www.cambridge.org/core/what-we-publish/books/the-cambridge-encyclopedia-of-the-english-language-further-resources/3-old-english).

(15) Hwæt! We Gardena   in gear-dagum, þeod-cyninga, þrym
      What   We Spear-Danes in yore-days,   tribe-kings   glory

2.2 古英語

ge-frunon, huðā æþelingas ellen   fremedon,   Oft   scyld
heard,   how the.leaders courage accomplished. Often Scyld,
scefing   sceaþena   þreatum, monegum mægþum,
Scef's.son, from.enemies' bands,   from.many tribes
meodo-setla of-teah, egsode   eorl   syððan ærest wearð
mead-benches seized, terrorised earl[s], since first he.was
fea-sceaft funden he þæs frofre gebad weox under wolcnum
destitute found; he its relief knew, grew under skies,
weorð-myndum þah.   oð   þæt him   æghwylc þara
in.honours   throve, until   to.him each   of.the
ymb-sittendra ofer hron-rade hyran scolde gomban gyldan
neighbours   over whale-road submit must, tribute yield;
þæt wæs god cyning.
that was good king!

いざ聴き給え，そのかみの槍の誉れ高きデネ人の 勲 ，民の王たる
人々の武名は，貴人らが天晴れ勇武の振舞をなせし次第は，語り継
がれてわれらが耳に及ぶところとなった．シェーフの子シュルドは，
初めに寄る辺なき身にて見いだされて後，しばしば敵の軍勢より，
数多の民より，密酒の席を奪い取り，軍人らの心胆を寒からしめ
た．彼はやがてかつての不幸への慰めを見いだした．すなわち，天
が下に栄え，栄光に充ちて時めき，遂には四隣のなべての民が 鯨 の
泳ぐあたりを越えて彼に靡き，貢 を献ずるに至ったのである．げに
優れたる君主ではあった．(忍足欣四郎（訳），1990, 15-16)

　このように古英語には豊かな屈折があり，屈折語尾のなかにさまざまな文
法情報が組み込まれていると考えられる．文法情報を「統合」し，詰め込ん
でいるという意味で，この種の言語を総合的言語 (synthetic language) と呼
ぶことがある．総合的言語は，複雑な屈折変化を覚えるという部分で，記憶
の負荷がかかる．しかし，いちど覚えてしまえば，文中の語の関係をつかむ
のは容易であるといえる．屈折が豊かであるから，単語の位置情報や前置詞

も比較的重要ではなく，語順に制約がかからなくなる．このため，古英語は語順が比較的自由であり，かつ前置詞もあまり使用されなかった．

いっぽう，現代英語では活用がかなり貧弱になり，語順や前置詞に，文法情報の多くが委ねられるようになった．このタイプの言語は，分析的言語 (analytical language) と呼ばれている．以下の例で考えてみよう (Crystal, 2018, 20)

(16) 現代英語

    a. the woman saw the man

    b. the man saw the woman

(17) 古英語

    a. sēo cwēn geseah þone guman

    b. se guma geseah þā cwēn

    c. þone guman geseah sēo cwēn

現代英語では，語順がそのまま意味の違いにつながっている．いっぽう，古英語では文中での役割が格変化で表されるので，sēo は主格・女性名詞，þā はその対格，同様に (17a) の þone は対格・男性名詞だが，(17b) では主格に変わっている．形態変化により，文中での役割が示せるため，(17c) は語順が違えど，(17a) と同じ意味を表している．

この変化については，中英語と近代英語の変化を辿った後でまた振り返ってみてほしい．

2.3 中英語

すでに概観したように，1066 年のノルマンコンクェストの数年後，11 世紀後半から，中英語 (Middle English) と呼ばれる時代に入っていく．

少々込み入った話になるが，この経緯について振り返っていこう．まず，1016 年にデーン人のクヌートがイギリス王に就いた．その後，1042 年にイ

2.3 中英語

図 2.7 テムズ川のイースト・エンドにあるロンドン塔 (Tower of London). ウィリアム一世が外敵からロンドンを守るために作ったのが初め. 守り神代わりにカラスを飼っていることでも有名. 奥に見えるのは 1894 年にできたタワーブリッジ (Tower Bridge).

ギリス人であるエドワード王が王位を奪還した. エドワード王はキリスト教の教えを広め, ウェストミンスター寺院を建て, 「証聖王 (the Confessor)」と称されるようになる.

しかし, 1066 年 1 月にエドワード王が亡くなると, 王座がきな臭い雰囲気となってくる. まずは, エドワード王の下で実権を握っていたアングロ・サクソンの貴族, ハロルド二世が王位を主張したのだが, エドワード王の母と血縁関係にあり, フランス北西部のノルマンディーの公爵 (Duke of Normandy) であったウィリアム一世, フランス名ギョウム一世も王位を主張し, ハロルドと決戦をすることになった. 両軍は有名なヘースティングズで激突し, ウィリアム一世が勝利し, イギリス王位に就くことになる. ウィリアム一世はフランス国王の臣下であるノルマンディー公でありながら, 独立国のイングランドの国王になったのである.

ウィリアム一世の出身であるノルマンディーについても補足しておこう. ヴァイキングこと, ノルマン人たちはイギリスだけではなくフランスにも勢

力を拡大し，フランス北西部に自分たちの住む地域を確保した．この地は，北方の人たち (Normans) が住むということで，ノルマンディーと呼ばれた．この地に定住したノルマン人たちは，現地に適応してフランス語を話すようになり，彼らの話したフランス語はノルマン・フレンチと呼ばれている．

たとえば，英語に流入した語彙で考えると，catch はノルマン・フレンチから借用され，chase はパリなどで話されていたセントラル・フレンチから借用された．どちらも，語源的にはラテン語の captare 由来である．語源は同じだが，形と意味が異なる二重語の例である．

イングランドは，このようにノルマンディー公国の貴族が支配する国となり，公用語がフランス語となった．これで，イングランドにいた貴族などの2 パーセントに過ぎない支配層はノルマン・フレンチを使用したが，それ以外の庶民は英語を話しつづけるという，二言語の使用状態が，150 年以上に渡って続くことになる．英語は，本国のイングランドにおいてさえ，書き言葉などの記録には残りにくい，庶民による社会的影響力の少ない言語として，中世まで辛うじて生きながらえてきたのである．幸か不幸か，フランス語を話す人たちが多数派にはならなかったため，英語は死なず，生き残ることはできた．また，庶民がふだんの生活に使っていたということも大きかっただろう．ノルマン王朝のイングランドは，ノルマンディーとイングランドの二重支配による問題がたくさんあり，王家の側から見ても統治はかなり難しかったようだ．

この後のイギリスの歴史も興味深いのだが，あくまで英語の歴史を扱っているため，大まかに出来事を列挙していくことにしよう (Hunt, 1962; 君塚, 2015a; 指昭, 2015)．なお，言語事情をまとめると，ジョン王の頃までは貴族の日常語はフランス語であった．しかし，フランス語を話す貴族の数が減り，その後，エドワード三世の 1363 年から議会でも英語が使われるようになった．なお，議会の公式文書にはラテン語とフランス語が使用されていたが，法令の草稿に英語が使われるようになったのは 1489 年からのことだ．

- プランタジネット朝になり，セントラル・フレンチの影響が強くなる．

2.3 中英語

ヘンリ二世 (Henry II) がアンジュー伯家と姻戚関係を持ち，パリ中央部とのパイプができる．ヘンリ二世はアリエノールと結婚することで現在のフランスの西半分を支配，さらに先代で奪われたイングランドの領地を回復し，アイルランドにも侵出し，勢力を広げた．ウェールズへの侵攻はうまくいかなかったものの，広大なアンジュー帝国の王となった．

- ローマ教皇庁と協調し，ヘンリ二世と蜜月関係にあったベケット (Becket) がカンタベリー大司教 (Archbishop of Canterbury) となった．しかし，司法において世俗法 (common law) を重視するヘンリ二世と教会法の優位を主張するベケットは対立することになった．そのため，ベケットはヘンリ二世の側近の騎士4名によって1170年12月29日にカンタベリー大聖堂で暗殺された．しかし，ローマ教皇のアレクサンデル三世がベケットを聖人とし，それゆえイングランド庶民の支持を集め，カンタベリーへの巡礼者が絶えないようになる．中英語期の最大傑作と呼ばれる『カンタベリー物語 (The Canterbury Tales)』は，ベケット参りをする巡礼者たちによる物語集，という形を取っている．

- ヘンリ二世に対して息子のリチャード一世・獅子心王 (Richard the Lionheart) が反旗を翻し，フランス王のフィリップ二世と手を組み，病死したヘンリ二世の後を継ぐ．勇猛果敢で騎士の模範と評されたが，第三回十字軍派遣に執心し，戦費と自分が捕まったゆえの身代金のために，イングランドに莫大な借金を残して世を去った．在位10年の間にイングランドにいた期間は6ヶ月ほどであり，フランス語を話し続けたという．

- リチャード一世の弟であるジョン欠地王・腰抜け王 (John Lackland/ Soft Sword) が後を継ぐ．フランス国王フィリップ二世と対立し，何度も戦うことになるが，敗れ，フランス領のほとんどを失う．奪回のための遠征費用工面のために重税を課したが，貴族がこれに反発．議会によって，王権の譲歩を認めさせる Magna Carta「大憲章（英語名 the Great Charter)」を認めさせられる．なお，これは現在のイギリス憲法の基礎となっている．また，ジョン王はフランス語を話し，取り巻きの貴族もフランス語を話していたが，ジョン王の頃にフランス

語を使用する貴族たちは「悪しき取り巻き」として, その勢力を失うようになり, 英語を話す貴族が増えていくようになる.

- ジョン王の後を継いだヘンリ三世 (Henry III) がフランスと和睦. 1258 年, 行政の改革プログラムをヘンリ三世が認めた. これはオクスフォード条款 (the Provisions of Oxford) と呼ばれ, 王の宣言書 (Proclamation) として, ラテン語, フランス語, 英語で書かれて発布された. 公文書で久々に英語が書かれたのである. これにより, 議会を年に 3 回は開かねばならないなど, 王は英国議会の意見を求めることになった.[14]

- 1272 年, ヘンリ三世の息子エドワード一世[15] (Edward I) が王位に就いた. ウェールズに侵攻し, スコットランドの王位継承へも介入するなど, 戦費が必要だった彼は, 議会を重視し, 広範な社会階層の代表を集めた議会を招集した. その議会は, 模範議会 (Model Parliament) と呼ばれた. エドワード一世は英語を話し, 英語は国語として認められるようになった. スコットランドとウェールズを平定し, 有能で勇猛ではあったが, 20 万ポンドの負債を残してこの世を去った. その後をエドワード二世が継いだが, 内政ではガスコーニュ出身のギャヴィストンを溺愛し, 対外的にもフランスやスコットランドに負け続け, 内乱も抑えられない状態であった. そのため, 議会によって廃位され, 後をエドワード三世が継ぐことになる. エドワード三世は有能であり, また彼の治世時に「議会 (parliament)」として存在していた組織が, その役割分担もあって貴族院 (House of Lords)

---

[14]なお, Parliament「議会」は, 古フランス語の parlement 'speaking' に由来する. エドワード一世が在位していた 1275 年の議会で, 初めてこの単語が使用された.

[15]身長がすごく高かったことから, 長脛王 (Longshanks) というあだ名がついた. 名前はエドワード証聖王にあやかってつけられた, プランタジネット朝初の英国風の名前でもある. エドワード一世は 1283 年にウェールズを征服し, 1301 年に王子を Prince of Wales とした. ウェールズでは, ウェールズ生まれで, 英語を話さず, 罪を犯したことのない者のみが支配者として認められたという逸話があり, ウェールズのカーナヴォン城で生まれたばかりの王子が Prince に指名されたのである. なお, この王子はエドワード二世として一世の後を継ぐ. これ以降, 今日まで英国王室の後継者は Prince of Wales に就任することが慣習化している. また, Mel Gibson 主演・監督の映画 Braveheart では, 主人公ウォリス (William Wallace) に敵対する策略家で非道な王として描かれている. なお, ウォリスはスコットランドの民衆代表で反乱を束ね, 大陸遠征でエドワード一世がいない間の 1297 年 9 月にスターリングの戦いでイングランド軍を破ったが, 後にエドワード一世に敗れ, 処刑されることとなる.

2.3 中英語

と庶民院 (House of Commons) へと分化した.

- 1337 年 11 月 1 日にエドワード三世がフランスに挑戦状を送付したことをきっかけに, 1453 年 10 月 19 日にボルドーが陥落するまで断続的に戦争状態となる百年戦争が起こったため, フランス語が敵性語となる. ジャンヌ・ダルク (Jeanne d'Arc) の出現を受けて, イギリスはカレー港を残して, フランスから撤退する.
- 1362 年 10 月 13 日に, ヘンリー・グリーン (Henry Green) によって, 議会の開会宣言が初めて英語で行われ, 裁判所での訴答も判決も英語で行われることが認められた. 1484 年, リチャード三世[16] (Richard III) の治世下で, 英語による法律文書 (Titulus Regius 'royal title' 「王たる資格」) が発行された.

歴史が激しく動いているが, 大まかにまとめると, こういったところだ. 後は, 黒死病 (the Black Death) と呼ばれたペストが蔓延し, 1348 年の夏ごろから 2 年と経たないうちに, 当時の 500 万人前後の人口のうち, 3 割から 4 割に当たる 150 万人前後が亡くなったと言われている出来事も, 注目すべきである.[17] 言語に対する影響も大きかっただろう. 人口は, その後も伝染病や相次ぐ戦乱のために減り続け, 15 世紀後半のテューダー朝成立期には 200 万人強となっていた.

中英語のもっとも有名な文献は, 何と言ってもジェフリー・チョーサー (Geoffrey Chaucer) による『カンタベリー物語 (The Canterbury Tales)』であろう. これによって, チョーサーは the father of English poetry (英詩の父) とも称されている. 『カンタベリー物語』は, カンタベリー大聖堂への巡礼を思い立ったチョーサーが, ロンドンの Southwark にある Tabard Inn という宿屋に泊まっているときに出会った, さまざまな巡礼団と, 旅の

---

[16]シェイクスピアによって, 狡猾・残忍な王として描かれた戯曲でも有名だ. せむしの悪党のような扱いを受けているが, じっさいは背も高く, 有能な王であったという. なお, バラ戦争で戦死した後, グレイフライアーズ修道院に遺体が収容されていたが, その後, 掘り返され, 捨てられたとされていた. その遺体は 2012 年 8 月 25 日にレスター市内の駐車場で発見された.

[17]現在の愛知県の人口がおよそ 750 万人と言われているので, 都市規模や人口密度といったものがわかるだろうか. なお, イギリスの国土が日本のおよそ 3 分の 2 である. 日本は山などが多く, 住める地域が限られているという事情もある. また, ペスト流行後の 15 世紀後半のイギリスの人口が, 現在の名古屋市の人口 230 万人くらいとほぼ同じになる.

104　　　　　　　　　　　　　　　　　　　　第 2 章　英語の歴史

途中でおもしろい話を競いあった物語である．有名な冒頭部分は，以下の通りである．ようやく，英語とわかるような単語と文法になってきた雰囲気である．韻の位置と語順を確かめながら，読んでみてほしい．*18

(18)　Whan that Aprille with hise shoures soote
　　　　When April with its sweet showers
　　　　The droughte of March hath perced to the roote.
　　　　has pierced the drought of March to the root
　　　　And bathed every veyne in swich licour.
　　　　and bathed every vein in such liquid
　　　　Of which vertu engendred is the flour.
　　　　from which strength the flower is engendered;
　　　　 Whan Zephirus eek with his sweete breeth
　　　　When Zephirus also with his sweet breath
　　　　 Inspired hath in every holt and heeth
　　　　has breathed upon in every woodland and heath
　　　　 The tendre croppes and the yonge sonne
　　　　the tender shoots, and the young sun
　　　　Hath in the Ram his half cours yronne
　　　　has run his half-course in the Ram,
　　　　And smale fowules maken melodye
　　　　and small birds make melody
　　　　That slepen al the nyght with open eye
　　　　that sleep all night with open eye
　　　　So priketh hem nature in hir corages
　　　　so nature pricks them in their hearts;
　　　　Thanne longen folk to goon on pilgrimages ...
　　　　then people long to go on pilgrimages ...

---

*18 イタリック体の注釈は，Crystal (2018) のもの．また，これもデイヴィッド・クリスタルの朗読が聞けるので試してみてほしい．
　(https://www.cambridge.org/core/services/aop-file-manager/file/5b27bc22c8504
8ed0631fba0/23-Page-38-Opening-Lines-of-the-Canterbury-Tales.mp3)

2.3 中英語

四月がそのやさしきにわか雨を
三月の旱魃の根にまで滲みとおらせ，
樹液の管ひとつひとつをしっとりと
ひたし潤し花も綻びはじめるころ，
西風もまたその香しきそよ風にて
雑木林や木立の柔らかき新芽に息吹をそそぎ，
若き太陽が白羊宮の中へその行路の半ばを急ぎ行き，
小鳥たちは美わしき調べをかなで
夜を通して眼をあけたるままに眠るころ，
－ かくも自然は小鳥たちの心をゆさぶる －
ちょうどそのころ，人々は巡礼に出かけんと願い ...(桝井迪夫（訳）
, 1973, 11-13)

2.3.1 フランス語の流入

中英語期には，公用語がフランス語になったということもあり，かなりの
フランス語の語彙が，英語のなかに入り込むようになった．基本的な語彙も
含め，この時期には一万語前後の単語が流入してきたと言われている．

日常的な語彙も多数入ってきたため，フランス語の語彙と英語の語彙とで
意味の棲み分けができるようになってきた．いっぽうの単語の意味は特定化
し，もういっぽうはより一般的な意味になったり，関連する別の意味になっ
たりする現象が多数見られたのである．

愕然としたイメージで言えば，貴族など支配階級が用いていたフランス
語は，どこか洗練された，知的な雰囲気があり，庶民が使用するアングロ・
サクソン由来の英語は，なんとなく野暮ったい，日常語として使用されるよ
うになったのである．

和語・漢語・外来語

日本でも，古来からの和語は，庶民的で肩肘はっていない印象があり，昔から学問や宗教で利用するために輸入してきた漢語は，洗練されたアカデミックな印象がないだろうか．現代日本人にも，この感覚ははっきりと残っているように思われる．

- 驚き vs. 驚愕
- 暮らし vs. 生活
- 新しい vs. 新鮮な

さらに，最近になって入ってきた外来語（西欧から入ってきたもの）になると，どこかフレッシュな印象も出てきたりする．

- 宿 vs. 旅館 vs. ホテル
- 速さ vs. 速度 vs. スピード
- きまり vs. 規則 vs. ルール

また，和語や漢語は連濁を起こしやすいのに，外来語は起こしにくい（ただし，オランダ語やポルトガル語で 500 年前に入ってきたものは和語のように感じられている）というのもあつかった．1.6 の強勢規則で，英語土着の語とフランス語由来の語とのあいだで強勢規則が異なる，という話についても，今いちど，読み返してみてほしい．

例をあげて考えてみよう．たとえば，フランス語由来の chamber は「豪華な部屋」という意味だが，英語由来の room は「普通の部屋」という意味で使用されている．

興味深いのは，deer「鹿」の意味変遷である．古英語では dēor と綴られ，「動物」一般の意味で使用されていた．おそらく，狩猟で狩る動物といえば，鹿が普通だったからだろう．この単語は，中英語のころには dēr と綴られていた．そこで，フランス語から animal という単語が入ってくると，やがて「動物」の意味は animal が担うようになり，dēr は意味が特定化され，「鹿」の意味を担うようになって，現代英語につながっている．

2.3 中英語

　なお，animal という単語の成り立ちは anima「呼吸，魂」というラテン語に由来しており，「息をするもの」から「生き物」の意味へと変わったようだ．deer の語源は，ゲルマン祖語の deusam だが，これも「息をするもの」という意味で使用されていたようである．

　動物関連の語は，フランス語由来のものは食べ物の意味になり，英語由来のものは動物の意味で使用されるようになった．いくつか列挙すると，表 2.12 のようになる．

フランス語起源	英語土着
beef「牛肉」	cow, ox「牛」
mutton「マトン」	sheep「羊」
venison「鹿肉」	deer「鹿」
pork, bacon「ポーク，ベーコン」	pig「豚」[*19]

表 2.12　動物肉と動物の語

　表 2.13 は，日常語彙に入り込んできたフランス語と，対応する英語の比較である．フランス語由来の語のほうが洗練されていたり，かしこまった雰囲気があるのは感じられるだろうか (Baugh and Cable, 2012).

　土着語の方が日常的に使いやすいということもあり，堀田 (2016) が指摘している通り，何かこまった場合でも，Help me!と助けを求めることはあっても，Aid me!と言うのは，ずいぶんと不自然な感じがする．なお，このコントラストのように，語法・文法的な誤りがあるわけでもなく，使用場面として適切・不適切が問題となるような話題を，言語学ではスタイル (style) と呼んでいる．

[*19]なお，pig は，古英語では存在を確認できておらず，語源が不明である．古英語のころは，swin 'swine（（集合的に）豚）' が一般的な語彙である．

フランス語起源	英語土着
aid	help
commence	begin
conceal	hide
infant	child
marriage	wedding

表 2.13　日常語彙

　爵位の duke「男爵」，baron「男爵」，prince「王子」，princess「王女」もフランス語由来であり，政治関係では authority「権力」，court「法廷」，crime「犯罪」，evidence「証拠」，government「政府」，justice「正義」，judgement「判決」，prison「牢屋」，punishment「罰」，state「国」，tax「税金」などが借入された．このあたりは，新しい概念も合わせて語彙が入ってきたのだろう．

　このとおり，中英語期にフランス語から流入してきた単語は，列挙するだけでもかなり大変なのだが，他にも以下のようなものが存在する (Crystal, 2018, 47).

(19)　a.　ファッション：apparel, boots, button, cape, cloak, collar, diamond, dress, emerald, fashion, fur, garment, garter, gown, jewel, lace, ornament, pearl, robe, wardrobe

　　　b.　芸術，レジャー：art, beauty, colour, conversation, dance, image, leisure, literature, melody, music, painting, paper, park, pavilion, pen, poet, preface, prose, rhyme, romance, story, title, tournament, tragedy, volume

　　　c.　学問：anatomy, calendar, clause, copy, gender, geometry, grammar, logic, medicine, metal, poison, pulse sphere, square, stomach, study, surgeon

　　　d.　名詞：action, adventure, affection, age, air, city, coast, comfort, cost, country, courage, cry, dozen, envy, error, face,

2.3 中英語

fault, flower, forest, honour, hour, joy, labour, manner, marriage, mountain, move, noise, number, ocean, opinion, order, pair, people, person, piece, point, poverty, power, quality, reason, river, scandal, season, sign, sound, spirit, substance, task, unity, vision

e. 形容詞：active, blue, brown, calm, certain, clear, common, cruel, curious, eager, easy, final, foreign, gentle, honest, horrible, large, mean, natural, nice, original, pay, perfect, poor, precious, probable, push, real, rude, safe, scare, second, simple, single, solid, special, strange, sudden, sure, usual

f. 動詞：advise, allow, arrange, carry, change, close, continue, cry, deceive, delay, enjoy, enter, form, grant, inform, join, marry, obey, pass, please, prefer, prove, quit, receive, refuse, remember, reply, satisfy, save, serve, suppose, travel, trip, wait, waiste

g. 句：by heart, come to a head, do justice to, have mercy on, make complaint, on the point of, take leave, take pity on

このリスト以外の料理・食事関連の語彙でも，boil「煮る」，broil「あぶる」，fry「揚げる，焼く」，roast「ローストする」なども，フランス語由来の語である．他に，cream「クリーム」，desert「デザート」，sauce「ソース」，soup「スープ」，vinegar「酢」などもフランス語由来である．あとは，野菜の名前，cabbage「キャベツ」，lettuce「レタス」，onion「玉葱」，grape「ブドウ」，peach「桃」などもフランス語由来だ．

おもしろいのは，cherry「サクランボ」という単語で，ノルマン・フレンチでは cherise だったのが，語末の -se が誤って複数語尾だと解釈され，これが取り除かれて英語として借用されたということである．これはちょうど，単数形に語尾を付けて複数形にするのとは逆の方向の語彙形成であるため，

逆成 (back-formation) と呼ばれている.[20]

2.3.2 中英語の文法

　中英語は，古英語から近代英語・現代英語の橋渡しの期間に当たる．ちょうどこのころに，単語の屈折が少なくなってきている．93 ページの表 2.4 と比べてもらいたいが，stone の活用は以下のようになった．

	単数	複数
主格	ston	stones
属格	stones	stones
与格	ston(e)	stones
対格	ston	stones

表 2.14　stone の中英語時代の屈折

　現代英語と，ほぼ違いはないような感じになってきたのがわかるだろうか．また，複数を表す接尾辞の ·en が，かなり衰退した．現代に残ったのが children で，これはもともとの単数形 cild に，複数の接尾辞 ·ru が付加され，そこにさらに複数語尾の ·en が加えられた，二重複数 (double plural) の例であると言われている．

　屈折がなくなってきたのは名詞だけではない．動詞の屈折もずいぶんと単純化されてきた．チョーサーが使用していた turnen 'turn' の活用は，以下のようになっている．大半の動詞はこのような屈折であったようだ (Crystal, 2018)[21].

　屈折接辞が豊富であれば，文法関係は接辞からわかるため，古英語の語

---

[20]形態論 (morphology) でよく取り上げられる逆成としては，editor「編集者」 → edit 「編集する」，beggar「ものもらい」 → beg「懇願する，お願いする」，pedlar「行商人」→ peddle「行商する」などがある．語源的には，名詞のほうが先に出現しているのだ．
[21]細かく見れば，強変化動詞 (e.g. drīfan 'drive') と弱変化動詞 (dēman 'judge') の活用の違いが見られるようなものもある．

2.3 中英語

	一人称単数	二人称単数	三人称単数	複数
現在	turn(e)	turnest	turneth	turne(n)
過去	turned(e)	turnedest	turned(e)	turned(en)

表 2.15 turnen 'turn' の中英語時代の屈折

順は比較的自由であった．SVO, SOV などの他にも，VSO, VOS, OSV, OVS, といった語順のものも観察されるようである．すでに書いたが，中英語の時期に，英語は総合的 (synthetic) な言語から，分析的 (analytic) な言語に変わっていったのである．それと同時に，基本語順は SVO で固定化されるようになった．

　古英語は語順が自由，とはいっても，頻度としていちばん多いのは SVO であった．ただし，これは主節の話であって，従属節では SOV が基本であった．次の文は，中英語期の Peterborough Chronicle の引用である．gloss の現代英語は，語順をそのまま反映してある．

(20)　　þa þe king Stephne to Englande <u>com</u>, þa macod he his gadering æt Oxeneford ...
　　　　When the king Stephen to England came, then made he his gathering at Oxford

　古英語期の，SOV 語順の例としては，以下のようなものがある (Hogg et al., 1992).

(21)　　ek hlewagastiR holtijaR horna tawido

ek は I, hlewgastiR は人の名前，holtijaR は from Holt という意味で，おそらく名前の限定修飾語だと思われる．tawido が動詞で made の意味，horna が the born でその目的語である．

　従属節内の語順が SOV なのは，ドイツ語でも同じであり，ゲルマン語は SOV が基本語順であった可能性がある．それで，ドイツ語では V2 語順 (verb second) という現象が主節だけで観察されるようになり，主節では

SOV でなくなったと考えられる．同様に，古英語でも V2 語順の例が，主節でたくさん観察される．(20) の他にも，以下の例で，前置詞句の次に動詞が来て，主語に先行していることを確認してほしい (ibid.).

(22)　a.　[On þæm gefeohte] wæs ærest anfunden Sciþþia
　　　　　In　that battle　　was first　found　　Scythians'
　　　　　wanspeda
　　　　　insufficiencies
　　　　　'The Scythians' insufficiencies were first revealed in that battle.'

　　　b.　[In ðeosse abbudissan mynstre] wæs sum broðor
　　　　　In this　　abbess's　　minster was a　　　brother
　　　　　syndriglice ... gemmæred
　　　　　specially　 ... honoured
　　　　　'In this abbess's minster there was a certain brother who was especially ... honoured.'

　基本語順が，SOV から SVO へと移る過渡期が古英語の時期である．主節では SVO がかなり早い段階で確立し，その後に，従属節内でも SOV から SVO へと変化したのが中英語期である，と考えることができる (ibid.).

2.3.3　活版印刷

　ウィリアム・カクストン (William Caxton) はドイツで印刷技術を学び，英語で書かれた本を出版した．その後，1476 年にウェストミンスターで印刷会社を設立し，『カンタベリー物語』を出版した．当時は一つの語に多くの綴りがあり、たいへん苦労したようだ．[*22] 英語が書き言葉として浸透していなかった他に，北部方言，東中部方言，西中部方言，南西部方言，南東部（ケント）方言の五つの大きな方言グループにわかれており（図 2.8 参照），北部では「卵」が egges, ロンドンでは eggys だったのが，80 キロ南に行っ

[*22]people だけでも，pepylle, pule, peeple など，might は maht, mihte, micht, mist, michte, mithe, mythte があったと言われている．

2.3 中英語

たケントでは eyren であったそうであり，意思の疎通にも支障を来したようだ．なお，egges は古ノルド語起源であり，eyren は古英語由来の南部方言だ．

図 2.8 中英語の方言地図

　カクストンは売りあげを伸ばす必要もあり，話者の多かったロンドンの英語で印刷を行った．その結果，政府の関係者が使用していた Chancery Standard と呼ばれる英語が，広くイングランド全土に広がるきっかけを提供することにもなった．Chancery Standard はカクストンの印刷に使用される前から，ロンドンやオクスフォード，ケンブリッジなど人口が多く，影響力が強い地域で使用されていた言語ということもあり，他方言の話者たちにとっては，参考にすべき規範となっていたようだ．すでに見たように，古英語ではウエスト・サクソン方言が優位だったが，この頃には，ロンドンを中心とする中央部に人が集まるようになり，言語の標準化も徐々に進んでいったものと考えられる．また，カクストンはオリジナルの原稿に手を加えることもあった．1485 年に出版された Le Morte d'Arthur（アーサー王の死）は，アーサー王伝説の集大成として知られていたが，原作者のトマス・マロリー (Thomas Malory) がもともと書いていたのは，The hoole booke of kyng Arthur & of his noble knyghtes of the rounde table（アーサー王

と高貴な円卓の騎士）という名前の8話構成のものだった．カクストンは最終話の一部をとって，一冊の本の名前にしたため，生誕からのアーサー王伝説，円卓の騎士伝説，聖杯伝説など，多くの作品の題名を無視した形となった．

カクストンが印刷した物は，現在でも103部残っている．大まかに，The Recuyell of the Historyes of Troy や The Knight of the Tower のような翻訳，『カンタベリー物語』も含まれている1350年から1450年の詩，他にチョーサーの『ボエティウス (Boethius)』，雑多な印刷物（法律文書，裁判文書，ラテン文法など）などもある．

紆余曲折があったものの，活版印刷技術の発展によって，より多くの人が書き言葉の英語にふれる機会が増えることになった．また，綴り字をどうするかという新たな問題が，この後に生じてくるきっかけにもなる出来事であった．そうしたわけで，この活版印刷技術の前後で，中英語と初期近代英語の時期が区別されることが多い．

2.4 初期近代英語

カクストンによる活版印刷技術の導入の前後，ないしは1500年あたりから，およそ1700年ごろまでは，「初期近代英語」と呼ばれている．「後期近代英語」とまとめて近代英語という括りにしてもよいのだが，本書では分けておくことにする．

まずは，この時代の歴史的なできごとを抑えておこう (君塚, 2015b; 指昭, 2015)．

- Virgin Queen と呼ばれ，国民からも慕われたエリザベス一世 (Elizabeth I) が世継ぎを残さずに死去．ヘンリ七世の玄孫にあたるスコットランド国王ジェイムズ六世がジェイムズ一世 (James I) としてイングランド国王を兼ねるようになり，テューダー王朝が終わり，ステュアート王朝が始まる．これにより，スコットランドとイングランドは

2.4 初期近代英語 115

同君連合となった．ジェイムズ一世には哲学者としての側面もあり，王権は神の権威に由来しているとする王権神授説を唱えた．しかし，現実的には穏健な政治を行い，浪費家であった以外には優秀な王だったようだ．また，欽定訳聖書の翻訳を命じた．

- 王権神授説を受け継いだチャールズ一世 (Charles I) が絶対王政を敷く．統制を怠っていたために，スコットランドで反乱を起こされてしまうが，議会を無視していたために援助が受けられず，イングランド北部のニューカッスルにまで侵出されてしまう．宗教的には，カルヴァン派のプロテスタントである清教徒 (Puritan) を弾圧した．また，イギリス議会が不当な課税や違法な逮捕をしないことを要請した権利の請願 (Petition of Right) も無視した．さらに，1642 年に兵を率いて庶民院に乗り込み，内戦のきっかけとなった．この内戦は議会側の指導者に清教徒が多かったため，清教徒革命という名でも知られている．また，イングランドの他に，スコットランドとアイルランドも関わったため，三大王国戦争 (Wars of the Three Kingdoms) とも呼ばれている．内戦の当初は国王軍が優勢であったものの，議会側は庶民院議員であったオリバー・クロムウェル (Oliver Cromwell) が鉄騎隊を率いて国王軍に勝利．1648 年にはスコットランド軍も破った．1649 年に裁判を経て，チャールズ一世が斬首刑に処される．これ以後，王政・貴族院・庶民院が廃止され，共和制が成立する．イングランドの内戦を鎮めたクロムウェルはアイルランドに侵攻．一般市民の大虐殺もあり，アイルランドの半分近くを手に入れ，南下してきたスコットランドも鎮圧し，三国の合邦を成功させた．

- 共和制は結局のところ，クロムウェルのカリスマに頼った軍事政権であったため，クロムウェルの死後，1660 年に王政復古がなり，チャールズ二世 (Charles II) が即位し，ステュアート朝が復活する．貴族院，庶民院も再興され，イギリス国教会の体制も復活した．チャールズ二世は科学に理解があり，王立協会を設立した．議会ともうまくつきあい，ペストやオランダとの戦争もうまく乗り切った．しかしながら，彼はフランス亡命中に密かにカトリックに改宗していた．当時のイングランドではカトリック教徒はごく少数であり，弾圧の対象であったことがこの後，大きな問題を引き起こす．

- チャールズ二世の崩御後，弟のジェイムズ二世が後を継ぐが，彼はカトリック教徒であったため，イングランドやスコットランドで反感を買うこととなる．また，傲慢で強硬な政策を行っていたため議会ともうまくいかず，折しも，イタリアのモデナ公国からマリアを妻に迎え，男子が生まれた．カトリックの幼児洗礼を受けたことを恐れたイギリス議会は 1688 年にジェイムズ二世 (James II) を追放し，ジェイムズ二世の娘メアリー二世 (Mary II) とその夫のウィレム三世（オランダ語読み Willem III van Oranje Nassau），ことウィリアム三世 (英語読み William III) をオランダから呼び寄せ，イングランド王に据えた．彼らは，権利の章典 (Bill of Rights) を認め，これにより，イギリスで立憲君主制が成立した．このできごとは，死傷者があまり出なかったことから，名誉革命 (Glorious Revolution) と呼ばれている．
- 17 世紀初頭，イギリスがアメリカ大陸へ植民．1775 年アメリカ独立戦争．

　1600 年に東インド会社を設立することで，インドとも交流を持ったイギリスは，タミル語起源の curry「カレー」や，ヒンディー語起源の jungle「ジャングル」といった単語を借用するようになる．また，香辛料と共に重要な輸入品となった tea も，英語に入ってきた．この単語の由来は中国語の福建方言 te であると言われている．シルクロードの大陸経由で入ってきた場合，te を語源とするので，西アジアやヨーロッパでは，お茶は te に近い発音で呼ばれる．余談だが，標準中国語ではお茶は ch'a と発音し，日本語の「茶」はここに由来している．太平洋を経由してお茶を輸入してきた国々では，ch'a という発音になっているようだ (https://wals.info/chapter/138).

　16 世紀になって，イギリスにも大陸ヨーロッパより少し遅れてルネサンスの潮流があらわれた．それまでにも入っていたが，この時期には，ラテン語もたくさん英語に流入しており，1 万語近くに及ぶという見解もある（寺澤, 2008）．古典語から大量の語彙が流入してきたということもあり，education「教育」, investigate「調査する」, medium「中間の」などといった語彙が加わってきた．

2.4 初期近代英語 **117**

　この時期のラテン語の影響といえば，語源的綴り字 (etymological spelling) という現象について触れておかねばなるまい．たとえば，doubt という単語がある．この単語は，発音に合わせて doute のような綴りが広く採用されていたが，この時期になって，語源のラテン語を意識して b を挿入し，doubt という綴りが広く採用されるようになった．このような現象のことを語源的綴り字と呼んでいる．

　活版印刷技術が広まったこともあり，語源的綴り字とは逆の現象も起こるようになった．たとえば，adventure や perfect といった単語は，中英語期には d や c の音が発音されず，aventure や parfit と綴られていたが，ラテン語の影響もあって adventure や parfect と綴られるようになり，やがて d や c が発音されるようになって，現代英語として定着したというものもある．

　フランス語とラテン語からはかなりの語彙が入ってきたため，類似する単語がかなり存在するようになってしまった．主要なものをあげただけでも，以下のようになる．ラテン語由来の単語が学問的な，形式的な雰囲気がするのがわかるだろうか．たとえば，ラフな感じで「ちょっと聞いてもいいですか？」という場合に，Can I ask you? は自然に聞こえるが，Can I interrogate you? はかなり不自然に聞こえる．前者を日本語訳すると「聞いてもいいですか」という感じだが，後者はちょうど「尋問してもよろしいか？」という感じになる．和語と漢語の差を想像して，英語土着の語と，ラテン語由来の単語の差を感じとってもらいたい．

　ルネサンスの影響で，ラテン語の他に，ギリシア語からもたくさんの単語が英語に流入するようになった．biology「生物学」, economics「経済学」, mathematics「数学」, physics「物理学」, analysis「分析」, diagram「図表」, dogma「教義」, system「体系」, theory「理論」など，学問に関連する用語が多いのが特徴である．

　bíos「生命」の意味から来ている接頭辞の bio· も，ギリシア語由来だ．また，lógos「言葉, 理」に ·ia をつけた logia を借用した形からできた ·logy という接尾辞も，ギリシア語由来である．

英語	フランス語	ラテン語
ask	inquire, question	interrogate
begin	commence	initiate
enough	ample	sufficient
food	nourishment, sustenance	nutriment
rise	mount	ascend
time	age	epoch
top	summit	apex

表 2.16　英語とフランス語・ラテン語の類似する単語

　ギリシア語もそうだが，ラテン語も学術書で広く採用されている言語である．[*23] こうした，ラテン語やギリシア語から流入してきた語彙については，インク壺語 (inkhorn terms) と呼ばれて，揶揄されたこともあるようだ．一部，庶民にとっては鼻につく語彙が多かったのだろう．また，知ったかぶりで，独りよがりな語彙を使用していた人たちもいたのだろうということは想像に難くない（シェイクスピアの作品にも，そういうイヤミなキャラが登場する）．よく理解はしていないけれど，難しそうな単語を知っている自分は格好いい．そう思ってしまう傾向は，普遍的に人が持つものなのかもしれない．

2.4.1　偉大な劇作家

　ウィリアム・シェイクスピア (William Shakespeare) は世界でいちばん有名な劇作家であるといっても，いいのかもしれない．ここでは，言語学的な側面からシェイクスピアの作品を紹介することにするが，まず注意しておきたいのは，シェイクスピアの英語が 400 年前の演劇であるということである．現代英語とは異なる言い回しもあれば，舞台劇の台詞ということもあ

[*23] 1687 年に出版された，アイザック・ニュートン (Isaac Newton) による『自然哲学の数学的原理』ないしは『プリンキピア』という日本語名でよく知られている万有引力の法則を論じた原題『Philosophiæ Naturalis Principia Mathematica』もラテン語で書かれている．しかし，1704 年に出版した Opticks は英語で執筆されている．

2.4 初期近代英語　　　　　　　　　　　　　　　　　　　　　**119**

り，修辞法が日常会話とは異なっていたり，韻や聞きやすさの優先など，さまざまな技巧が凝らされているということには注意したい．決して，自然な日常の会話ではないのである．とりあえず，その前提だけは踏まえて，有名な作品に触れていくことにしよう．

ロミオとジュリエット

　作品のプロットを紹介する必要もないくらい有名な『ロミオとジュリエット (Romeo and Juliet)』だが，これは韻文で書かれている．脚韻に注意して読んでみてほしい．ここは，二人が初めてキスを交わす，とても有名なシーンだ．なお，二人称代名詞にも下線部を引いてあるので，注意して読んでみてほしい．また，この場面でロミオはジュリエットが敵対しているキュピレット家の娘であるということを知るのだが，関係代名詞と同じく通常の疑問文であっても，「人」のことを尋ねる際に what を使用しているのにも注目したいところだ．

(23)　**Romeo**: If I profane with unworthiest **hand**
　　　 This holy shrine, the gentle fine is **this**,
　　　 My lips, two blushing pilgrims, ready **stand**
　　　 To smooth that rough touch with a tender **kiss**.
　　　 Juliet: Good pilgrim, <u>you</u> do wrong <u>your</u> hand too **much**,
　　　 Which mannerly devotion shows in **this**:
　　　 For saints have hands that pilgrim's hands do **touch**,
　　　 And palm to palm is holy palmers' **kiss**.
　　　 Romeo: Have not saints lips, and holy palmers **too**?
　　　 Juliet: Ay, pilgrim, lips that they must use in **prayer**.
　　　 Romeo: O then, dear saint, let lips do what hands **do**,
　　　 They pray—grant <u>thou</u>, lest faith turn to **despair**.
　　　 Juliet: Saints do not move, though grant for prayers' **sake**,
　　　 Romeo: Then move not while my prayer's effect I **take**.
　　　 Thus from my lips, by <u>thine</u>, my sin is **purged**,
　　　 [*Kissing her*]

Juliet: Then have my lips the sin that they have took.

Romeo: Sin from my lips? O trespass sweetly urged!

Give me my sin again.

[*Kissing her again.*]

Juliet: You kiss by th'book.

Nurse: Madam, your mother craves a word with you.

Romeo: What is her mother?

ロミオ: もし私のこの汚れた手でこの聖い御堂を瀆したとしたら，その罪をどうか大目に見ていただきたい．その償いに，汚い手で触れたその場所にそっと接吻し，二人の巡礼さながらに恥じろうて赤くなった私の唇が潔めますゆえに．

ジュリエット: 巡礼様に申します．こうやって私の手を握り，立派に勤めを果たしたあなたの手を，あんまり詰ってはかわいそう．聖者の像にも手があって，それに手を触れるのが巡礼の勤めというもの，手と手とをぴったり合わせるのが巡礼の接吻でございましょう．

ロミオ: では，聖者にも唇があり，巡礼にも唇があるのはなぜでございましょう．

ジュリエット: 祈りのときに用いるための唇でございます，巡礼様．

ロミオ: では聖者様，手で行う勤めを今度は唇で行なわせてください，私の唇の祈りを聞きいれてください，さもなければ私の信心も絶望へと変わりましょう．

ジュリエット: 祈りに応えて願いを聞き入れても，聖者の像は動きはいたしませぬ．

ロミオ: では，祈り求めたものを私がいただきますゆえ，動かないでいただきましょう．こうやって私の罪もこの唇からあなたの唇によって拭い清められました．

[ロミオ，ジュリエットに接吻する]

ジュリエット: どうしましょう，私の唇はあなたの唇の罪で汚れてしまいました．

ロミオ: 私の唇の罪で？　ああ，ありがたい，そんなふうに咎められるとは！　では，その罪を私に戻していただきましょう．

2.4 初期近代英語　　　　　　　　　　　　　　　　　　　　　**121**

[ロミオ，ジュリエットに再び接吻する]

ジュリエット: お見事な接吻ですこと.

乳母: お嬢様，お母様が何か話があるそうでございますよ.

ロミオ: え？ この方の母上といわれると？ （平井正穂（訳），1988, 59-60)

　もう一つ，ロミオがこっそり聞いているのに気づかずに，ジュリエットが独白する有名な場面も読んでみよう.

(24)　**Romeo**: (aside) She speaks.

　　　O, speak again, bright angel! For <u>thou</u> art

　　　As glorious to this night, being o'er my head,

　　　As is a wingèd messenger of heaven

　　　Unto the white, upturnèd, wondering eyes

　　　Of mortals that fall back to gaze on him

　　　When he bestrides the lazy-puffing clouds

　　　And sails upon the bosom of the air.

　　　Juliet: O Romeo, Romeo, wherefore art <u>thou</u> Romeo?

　　　Deny <u>thy</u> Father and refuse <u>thy</u> name;

　　　Or, if <u>thou</u> wilt not, be but sworn my love,

　　　And I'll no longer be a Capulet.

　　　ロミオ: ものを言った.

　　　もう一度ものを言ってください，私の天使！

　　　私の頭の上で夜を照らしているあなたはまさしく天使，

　　　あなたの姿は，ゆっくりと流れる雲にのり，

　　　大空の面を翔けてゆくのを仰ごうと

　　　後じさりする人間どもの白眼がちな眼に映る，

　　　あの翼をもった天の御使の姿と全く同じだ.

　　　ジュリエット: おお，ロミオ，ロミオ！ どうしてあなたはロミオなの？

　　　お父様とは無関係，自分の名は自分の名ではない，とおっしゃってください.

それがいやなら，お前だけを愛していると，誓ってください．

そしたら，私もキュピレットの名を捨ててしまいましょう．(平井正穂 (訳)，1988, 72-73)

　寺澤 (2008) と Crystal (2018) によれば，初対面の場ではジュリエットが二人称複数の代名詞を使用しているのは丁寧さの表れ，二つ目の場面は独白（と本人は思っているので）で，かつ心的な距離の近さが，二人称単数の代名詞で表現されていると指摘されている．読者の皆さんは，どう捉えるだろうか．二人称代名詞の使い分けで，登場人物の心理を読み込むというのも，文学的な醍醐味かもしれない．

ハムレット

　二人称代名詞の使い分けは『ハムレット (Hamlet)[24]』にも見られるということを，片身他 (2018) と Crystal (2018) が指摘している．ハムレットはつねに母親のガートルードには you を使用しているが，いっぽうのガートルードは，最初は親しみの thou を使用し，途中でハムレットの態度に驚き，you に変更し，最後には親愛の情を表す thou に戻っている．このあたりの心理も一筋縄ではいかなそうな気がするが，どうだろうか．

(25)　**Hamlet**: Now, mother, what's the matter?

　　　Gertrude: Hamlet, thou hast thy father much offended.

　　　Hamlet: Mother, you have my father much offended.

　　　Gertrude: Come, come, you answer with an idle tongue.

　　　Hamlet: Go, go, you question with a wicked tongue.

　　　Gertrude: Why, how now, Hamlet?

　　　Hamlet: What's the matter now?

　　　Gertrude: Have you forgot me?

　　　Hamlet: No, by the rood, not so.

　　　You are the Queen, your husband's brother's wife,

　　　But – would you were not so – you are my mother.

---

[24]シェイクスピアの四大悲劇の一つ．デンマーク王子ハムレットが，復讐を果たす物語．父を殺し，母を奪い，王位を簒奪した叔父を討つ．

2.4 初期近代英語 123

Gertrude: Nay, then I'll set those to <u>you</u> that can speak.
Hamlet: Come, come, and sit <u>you</u> down. <u>You</u> shall not budge,
<u>You</u> go not till I set you up a glass
Where <u>you</u> may see the inmost part of <u>you</u>
Gertrude: What wilt <u>thou</u> do? <u>Thou</u> wilt not murder me? Help,
help, ho!

ハムレット: 母上, なにか御用?
ガートルード: ハムレット, お前のために, お父上はたいそう御不快のご様子.
ハムレット: 母上, 母上のために, 父上はたいそう御不快のご様子.
ガートルード: これ, これ, そのようなふざけた返事のなさりようは.
ハムレット: それ, それ, そのような意地悪な質問のなさりようは.
ガートルード: まぁ, ハムレット, 一体, どうしたのです?
ハムレット: 一体, どうしたって, 一体, 何が?
ガートルード: この私をお忘れか?
ハムレット: いや, とんでもない, 忘れるどころの話じゃない. あなたは王妃で, 夫の弟の妻, そして残念ながら, このぼくの母.
ガートルード: もうよい. このうえは誰か話のできる者を呼んで, 話させましょう.
ハムレット まぁ, まぁ, 腰をおろして. じたばたするのは見苦しい. 今, 鑑を据えて, その心の奥底まで映して御覧にいれますから, それまではこの手を決して放しはしません.
ガートルード: 何をなさる? まさか殺すつもりでは? あ, 助けて! 助けて! (野島秀勝 (訳), 2002, 194-195)

初期近代英語の文法
　二人称の代名詞は, シェイクスピアのころは単数と複数の区別が残っていたが, だんだんと区別がつかなくなってくるのもこの時期である. また, この時代は二重比較 (double comparative)・二重最上級 (double superlative)

が特徴的だ．形容詞の屈折語尾として，比較級・最上級の場合には，英語古来からある ·er, ·est が使用されていたのだが，中英語期にフランス語の影響により more, most で比較級・最上級を表す用法が入ってきた．前者の ·er, ·est は総合的 (synthetic)，後者の more, most は分析的 (analytic) と呼ばれている．

　Quirk et al. (1985) の影響もあり，比較級の形成は，音声・形態的な要因で説明されるのが主流だ．音節が一つの単語は ·er, ·est であり，三音節以上の単語は more, most が使用される．二音節の単語に関してはさまざまな説明が試みられているが，同じ単語でもどちらの用法もありえ，揺れはかなりあるようである．また，Mondorf (2003) によれば，·er が好まれるのは，二つの強勢のある音節に挟まれている場合 (e.g. a frèsher sálad) であり，more が好まれるのは，語末が/r/で終わる場合 (e.g. more austere) や，語末が子音クラスタ（連続）で終わる apt (more apt) のような場合であるという．

　話は逸れるが，現代英語のメタ言語比較 (metalinguistic comparison) では，分析的な比較級は可能であっても，総合的な比較級 (taller, dumber) は使用されない．

(26)　a.　Clarence is more tall than ugly (, but he's not (really) tall either).

　　　b.　George is more dumb than crazy.

　メタ言語比較では，語用論的な含意によって，Clarence が（絶対的に）背が高い，George がバカという意味を含むことになる．ただ，この含意はあくまで語用論的な含意であり，慣習的な含意ではないため，(26a) のように否定することもできる．詳しい分析が気になる人は，Morzycki (2011) を参照してみてほしい．

　話を初期近代英語に戻そう．シェイクスピアの作品でも，またこの時期の別の英語の文献でも，二重比較 ・二重最上級という現象が見られる．四つめはベン・ジョンソン (Ben Jonson) の例だ．

2.4 初期近代英語

(27) a. The Duke of Milan / and his <u>more braver</u> daughter could controul thee. (*The Tempest*)

b. This was the <u>most unkindest</u> cut of all. (*Julius Caesar*)

c. The Kings of Mede and Lycaonia With a <u>more larger</u> list of sceptres (*Antony and Cleopatra*)

d. an Englishe Atticisme, or eloquent Phrase of speech, imitating the manner of the <u>most ancientest, and finest</u> Grecians, who, for more emphasis, and vehemencies sake used [so] to speak (Jonson, Ben 1640)

規範文法的な観点では，二重比較・二重最上級は，lesser を除いて基本的には認められないとするのが普通だが，この時期にはかなり存在していたようだ．また，コーパスを見ていてもわかるが，現代英語でも（誤りか，ないしは母語話者の発言ではないかもしれないが）二重比較・二重最上級の例はそれなりに発見することができる．言い直しや強調という意味でも，more と -er の両方が使用されるのは，不可能というわけではないらしい．還暦以上の方々には「モアベターだと小森のおばちゃまになってしまう」と言えばウケるかもしれないが，今の若い人たちには何のことかわからないだろう．

二重否定 (double negative) もある．シェイクスピアが I cannot go no further, I never was nor never will be false（肯定ではなく，否定の意味で使用されている．*25）といった用例を使用している．現代英語の（古い言い回しの）非人称動詞の methinks「思うに (it seems to me)」につながる me thinks he did といった言い回しが出現してくるのも，この時期のことである．

また，助動詞の do を使用して否定文や疑問文を作る形よりは，以下のような否定文や疑問文を使うことが，シェイクスピアには多かったようだ．

---

*25 じつは，二重否定はチョーサーも使用していたことが指摘されている． Ther nas no man nowher so vertuous... (*The Friar's Tale*)
(https://blog.oxforddictionaries.com/2012/02/09/grammar-myths-3/より)

126　　　　　　　　　　　　　　　　　　　　　　　第 2 章　英語の歴史

(23) の例でも観察されたが，Macbeth では以下の用例が見られる (Svartvik and Leech, 2016, 57).

(28)　　a.　I think not of them

　　　　b.　Goes the King hence to-day?

関係代名詞の先行詞が人であっても which を使用する用例が，The Tempest で見られる (ibid.)

(29)　　The mistress which I serve

というわけで，現代英語の文法とはズレがあるのがよくわかる.

シェイクスピアの言い回し

気の利いた表現の多いシェイクスピアの作品から，そのまま現代英語まで引き継がれた単語や言い回しはたくさんある.

(30)　　a.　It's (all) Greek to me.「ぜんぜん，わからない (*Julius Caesar*)」

　　　　b.　high time　「いいころあい (*The Comedy of Errors*)」

　　　　c.　on purpose「故意に (*The Comedy of Errors*)」

　　　　d.　eat the leek「屈辱を忍ぶ (*Henry V*)」

　　　　e.　come full circle「一周して元に戻る (*King Lear*)」

　　　　f.　at one fell swoop「いちどに (*Macbeth*)」

　　　　g.　a tower of strength「強くて頼りになる人 (*Richard III*)」

　　　　h.　as (good) luck would have it「運よく (*The Merry Wives of Windsor*)」

　　　　i.　cold comfort　「取るに足りない慰め (*King John*)」

　　　　j.　a foregone conclusion「最初からわかりきっている結果 (*Othello*)」

　　　　k.　seen better days「過去のよき時代 (*Timon of Athens*)」

　　　　l.　the green-eyed monster「緑の目をした怪物，嫉妬（*Othello*)」

　　　　m.　I have not slept one wink「一睡もできない (*Cymbeline*)」

2.4 初期近代英語 **127**

- n. salad days「未熟な青年時代（*Antony and Cleopatra*）」
- o. for goodness' sake「頼むから（*Henry VI*）」
- p. neither rhyme nor reason「詩的にも論理的にも意味のないこと（*The Comedy of Errors*）」
- q. out-Herod Herod「残忍さにおいてヘロデ王を凌ぐ（*Hamlet*）」
- r. To be, or not to be, that is the question.「生きるべきか死ぬべきか，それが問題だ（*Hamlet*）」
- s. Frailty, thy name is woman「弱きもの，汝の名前は女（*Hamlet*）」
- t. To have the making of「～になる器がある（*Henry VIII*）」（元々は，外見だけで中身まで持っているという意味ではなかった）
- u. Too much of a good thing「ありがた迷惑（*As You Like It*）」
- v. The be-all and end-all「最も重要なもの（*MacBeth*）」（ただし，「問題を終わらせるために必要なもの全て」という意味で使用されていた．ダンカンを殺すのがマクベスの目的であったが，それに伴う他の問題について考えを張り巡らすという状況で発せられた言い回し）
- w. Neither a borrower, nor a lender be, For loan oft loses both itself and friend, And borrowing dulls the edge husbandry.「金は借りても貸してもいかん．貸せば友人を失い，借りれば節約精神が鈍る（*Hamlet*）」
- x. The time is out of joint.「今の世の中は，だらしがない（*Hamlet*）」

名言の宝庫であり，収拾がつかなくなってしまったが，興味があればどんどん探してみてもらいたい．Tomorrow, and tomorrow, and tomorrow.

また，形容詞と過去分詞を使用した複合語もいくつかシェイクスピアが広めた（作った）ことで有名だ．

(31) a. cold-hearted「冷たい」
     b. cold-blooded「冷酷な」

c. ill-tempered「機嫌の悪い」

d. well-behaved「行儀のよい」

e. well-bred「育ちのよい」

f. well-educated「幅広い知識のある」

また，品詞転換といって名詞を動詞（または逆）に使用したりする用法が英語では豊富にあるが，これを最初に頻繁に使用したのがシェイクスピアであると考えられている．たとえば，元々は動詞であった control や hint を名詞で使用したり，元々は名詞であった torture や cater を動詞で使用したりしている．これは後述するサミュエル・ジョンソンの辞書で否定的に評価されている．

2.4.2 欽定訳聖書

英語で the book と言えば，聖書のことを指すというくらい，聖書の影響を無視して英語史を語ることはできない．というわけで，本書でもかんたんに聖書について学んでおくことにしよう．[26]

the Bible という単語は，紙の原料パピルスの荷揚港があった，フェニキアの都市 Byblos「ビブロス」が語源であると言われている．

旧約聖書 (The Old Testament) は，ユダヤ教の聖典であるタナハと共通している，キリスト教の聖典である．モーゼ五書 (the Pentateuch) という五つの書から始まっている．[27] 五つは「創世記 (Genesis)」，「出エジプト記 (Exodus)」，「レビ記 (Leviticus)」，「民数記 (Numbers)」，「申命記 (Deuteronomy)」である．他にも諸書 24 巻からなっていたが，現在では 39 巻である．旧約聖書は，もともとは古ヘブライ語で書かれていた．ヘブライ語はセーム語族であり，印欧祖語ではなかったため，翻訳には苦労したのかもしれない．

---

[26]この節の聖書の歴史は，橋本 (1996, 2005) を参照した．ヘブライ語との関わりなど，興味のある方は参照のこと．

[27]詩篇と合わせて，これらはイスラム教の啓典にもなっている

2.4 初期近代英語

新約聖書 (The New Testament) は，そこから時代が経ち，紀元後 1 世紀から 2 世紀に，キリスト教徒たちによってギリシア語で書かれた文書である．二十七の書が含まれており，イエス・キリストの生涯と言葉が書かれた福音書や教会の歴史，ヨハネの黙示録などがある．なお，イエスはイスラム教でも予言者の一人に数えられることがある．

ブリテン島には，ラテン語に訳されたウルガタ (Vulgata) が古英語記に入り，注釈 (gloss) を加えたものが参照されたようだ．

中英語期にもウルガタが活用された．オクスフォード大学の神学教授であり，聖職者でもあったジョン・ウィクリフ (John Wycliffe) が，一門と共に英訳聖書 (the Wycliffite Bible) を出版した．ambitious「野心的な」，ceremony,「セレモニー」 exclude「〜を排除する」， explanation「説明」，interrupt「さえぎる」, juniper「レダマの木」, quiet「静かな」, testimony「モーセの十戒」, tradition「口頭で伝えられた規則（廃義)」といった語が英語に入ってきたのは，ウィクリフの成果であったという．活版印刷技術は，近代英語の時期を待たねばならなかったので，当時は写本で広まっていった．

近代英語期に入り，活版印刷技術が広まるとさまざまな英語版の聖書が流通するようになった．なかでも重要なのは，英国王ジェイムズ一世 (James I) が任命した学者たちによって 1611 年に出版された『欽定訳聖書 (The Authorized Version of the English Bible)』である．国王の名にちなんで the King James Bible と呼ばれることもある．

印刷技術もあって，聖書の言い回しがたくさん英語に広まったのもこの時期のことである．apple of his eye 「目に入れても痛くない（旧約聖書「申命記」)」, cast pearls before swine「豚に真珠（新約聖書「マタイ伝」)」, eat one's words 「言葉を飲み込む（旧約聖書「エレミヤ書」)」， the scales fall from one's eyes「目からうろこが落ちる，迷いから覚める（新約聖書「使徒行伝」)」, turn the other cheek「攻撃されても報復しない（新約聖書「マタ

イ伝」)」, an eye for an eye「目には目（旧約聖書,「出エジプト記」)」などは, 日本語でも馴染みの表現だ.

2.4.3　大母音推移

　古英語の name にあたる nama は「ナーマ」という発音だったと聞くと, 驚くだろうか.

　ある程度英語に慣れているのであれば,「おかしい！」と思ってしまうかもしれない. しかし, ローマ字だけを習って, いきなり英語に触れたとすれば, name は「ネイム」と発音するよりは,「ナーマ」,「ナーム」と発音するほうが自然な感じがするかもしれない. そもそも, 母音の a, i, u, e, o も「ア, イ, ウ, エ, オ」と発音してくれたほうが楽だろう. じっさい, 表音文字であるアルファベットに近い発音をしていたのが古英語であり, それが現代の読み方に移っていったわけである. いちおう, 現代英語の母音の読みを書いておこう.

(32)　a.　a /ei/
　　　　b.　i /ai/
　　　　c.　u /juː/
　　　　d.　e /iː/
　　　　e.　o /ou/

　英語では, 中英語後期の 1400 年ごろから 300 年にわたって, 強勢を持つ長母音に大きな変化が起こった. これをデンマークの著名な言語学者オットー・イェスペルセン (Otto Jespersen) が,「大母音推移 (Great Vowel Shift)」と呼んだ. 現在でも, ブリテン島の周縁部の英語では大母音推移が進行中であると主張している研究者もいるようだ. しかし, 大母音推移以前の発音を残している地方の英語が, それを経た地域と同じ音韻変化をこれから辿るのかどうかは疑わしい. 現在はメディアを通して, いろいろな地域の英語が視聴可能であり, 人の移動も多く, 一部の地域だけで近世以前と同じような言語変化を経ることはないのではないだろうか. 現代では, 現代の状況に応じた言語変化が起こっていると推測するほうが, 自然であるように思

2.4 初期近代英語

われる．

大母音推移は，強勢がある長母音を発音するときの調音点が一段階，ないしは二段階高くなった現象である．そのため，/aː/ → /ɛː/，/ɛː/ → /eː/，/eː/ → /iː/，/ɔː/ → /oː/，/oː/ → /uː/ へと変化した．なお，調音点がそれ以上高くはならない/iː/と/uː/はそれぞれ二重母音の/ai/と/au/へと変化した．図示すると図 2.9 の通りである．

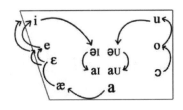

図 2.9　大母音推移

大母音推移の時代ごとの変異と用例は，表 2.17 の通りである．

1100-1500	1500-1700	1900–	用例
iː →	əi → ʌi	→ ai	child, five
eː →	iː →	→iː	deep, keep
ɛː →	ɛː →eː	→ei/iː	break, great/meat, sea
aː →	æː →ɛː	→ei	name, take
uː →	ou →ʌu	→au	cow, house
oː →	uː →	→uː	food, moon
ɔː →	ɔː →oː	→ou	home, stone

表 2.17　大母音推移

大母音推移前後の単語の発音も，デイヴィッド・クリスタルの朗読で聞くことができるので，参考にしてみてほしい．

(https://www.cambridge.org/core/what-we-publish/books/the-cambr
idge-encyclopedia-of-the-english-language-further-resources/4-m
iddle-english)

Guy Fawkes

イングランドでは毎年 11 月 5 日になると，たき火が焚かれ，たく
さんの花火が打ち上げられる (Bonfire Night). きっかけは，ガイ・
フォークス (Guy Fawkes) という人物である. カトリックへの迫害
に反対するため，共謀者と共に国会議事堂を，国王ジェイムズ一世
(James I) もろとも爆破する計画を立てた. この計画は事前に漏れ，
1605 年の 11 月 5 日にフォークスは逮捕され，その後，処刑された.
国会を火薬で爆破するのが未然に防がれたせいか，11 月 5 日は火薬
を使用したお祭りが行われるようになった. 昔はガイ・フォークスの
人形を作って，市中を引き回すこともやっていたようだ.

この guy という名前は，やがて Normam Mailer の小説 Tough Guys
Don't Dance などの影響によって英語圏に広がり，「やつ，奴 (男)」
という意味で広く使用されるようになっている. また，you guys は
アメリカでは二人称複数代名詞として使われており，See you guys!
などの用例では，女性が含まれていても使用されるようになった.

2.5 後期近代英語

1700 年から 1900 年にかけての英語を，後期近代英語と呼ぶことにしよ
う. この時期になると，ぼちぼち現代英語と区別がつきにくくなる. そのた
め，英語が読める人なら，とくに問題なく文献に当たれる時代に突入するこ
とになった. まずは，この時代の主要な歴史的出来事について概観してお
こう.

- 18 世紀に，イギリスがアフリカ，オセアニアに進出
- 20 世紀初めには，大英帝国が地上の 5 分の 2 を支配. 「太陽の沈まぬ

国 (the Empire on which the sun never sets)」となる.

ヨーロッパの小さな島国に過ぎなかったイギリスが, 大英帝国になった時代に当たる. この節からは, 英語史を学んでいるのか,「現代英語」の事情を扱っているのか, 微妙な時期にかかってくる. とりあえず, 言語学上, 重要だと思われる問題を扱って, 英語の歴史の章を終えることにしよう.

2.5.1 規範文法

一部すでに触れたが, 中世においてキリスト教の言語はラテン語であり, ルネサンス以降は「学問の言葉はラテン語」という等式が成りたっていた. 後期近代英語のころには, すでにラテン語の母語話者がいなかったのにもかかわらず, ラテン語教育がさかんに行われるようになってきた. キケロの文章が規範とされ, 1640 年に English Grammar を書いたベン・ジョンソン (Ben Jonson) によれば, ラテン語文法が理想的なモデルであるとされた. こういう傾向もあって, 言語には正しい語法というものが存在し, ラテン語が書き言葉優先であったために, 話し言葉に対して書き言葉が優れている, とする風潮が広がることとなった. 同時代の 17 世紀に出版された, ジョン・ウォリス (John Wallis) による Grammatica Linguae Anglicanae (1653) も, クリストファー・クーパー (Christopher Cooper) による Grammatica Linguae Anglicanae (1685) も, ラテン語で執筆された英文法書であった.

しかしながら, ウォリスはジョンソンとは違い, 英語にラテン語文法を当てはめることが必ずしも正しいとは思っていなかったようだ. 以下のような記述を残している.

(33)　They all forced English too rigidly into the mould of Latin (a mistake which nearly everyone makes in descriptions of other language too), giving many useless rules about the cases, genders and declensions of nouns, the tenses, moods and conjugations of verbs, the government of nouns and verbs, and other things of that kind, which have no bearing on our language, and which confuse and obscure matters instead of elucidating them. (Crystal, 2018, 82)

彼らは英語をラテン語の型に当てはめすぎで（他の言語の記述においても，ほぼすべての人がおかす誤りだ），格，性，名詞の曲用，時制，法，動詞の活用，名詞と動詞の統率やその他のことに関して，多くの意味のない規則を作りだしてしまっている．英語と関連していないし，文法を明らかにするのではなく，たんにごっちゃにし，文法を見にくくしているだけだ．

それから 100 年後の，代表的な規範文法書の二つを列挙しておこう．

(34)　a.　ロバート・ラウス (Robert Lowth): Short Introduction to English Grammar (1762)

　　　b.　ジョセフ・プリストリー (Joseph Priestley): The Rudiments of English Grammar (1761), The Rudiments of English Grammar (1768)

ラウスは，当時の著名な作家たちの用例（ジョナサン・スウィフト Johnathan Swift, ジョセフ・アディソン Joseph Addisson）を積極的に使用し，彼らの表現が誤っていると指摘した．ラウスは聖職者であり，自分よりも高い地位の人たちの文章こそが正しい模範である，と考えていたようである．俗な言い方をすれば，偉い人たちの言葉遣いを真似るべきだ，という考え方である．彼によれば，文法には，正誤を判定する法 (law) のような働きと，表現の方法と技巧である技術 (art) のような働きがあるという．ラウスの英文法書は，そのおよそ半分が統辞法に関するものであり，文法の根源は統辞法である，という信念があったことが窺える．彼の言説も紹介しておこう．

(35)　The principal design of a Grammar of any Language is to teach us to express ourselves with propriety in that Language; and to enable us to judge of every phrase and form of construction, whether it be right or not. (Crystal, 2018, 83)

すべての言語の文法の主な目的は，自分たちが正当にその言語を

2.5 後期近代英語 **135**

使って，自分たちの言いたいことを表現できるように指導すること
だ．正しい場合もそうでない場合も，すべての句と形式の文法性を，
自分たちで判断できるようにすることだ．

いっぽうで，プリストリーは化学の教師ということもあって，教育を念頭
に置いた学校文法書を書いていた．プリストリーはさまざまな用例を収集
し，英語に必ずしもラテン語文法は当てはまらない，と考えていたようだ．
規範はあくまで現実に即したものでなければならないとする態度は，規範
文法 (prescriptive grammar) の執筆者というよりは，言語学者的な記述文
法 (descriptive grammar) の原則に従ったもののようにも思われる．じっ
さい，彼は文法が自然科学と同じく，観察に基づいた現実の構造データを提
示すべきである，という見解を述べている．プリストリーは，英語には八つ
の品詞（名詞，代名詞，動詞，形容詞，副詞，前置詞，接続詞，間投詞）があ
るとする，英語の 8 品詞を主張した．なお，ラウスはこれに冠詞を含め，9
品詞とすべきであるという見解を紹介している．プリストリーの態度も，以
下の記述を見れば理解することができる．

(36) Our grammarians appear to me to have acted precipitately ... It
must be allowed, that the custom of speaking is the original and
only just standard of any language. (Crystal, 2018, 83)

文法家たちは，早急に過ぎるように思える．話し言葉の習慣が本物
で，どの言語でも，それだけが基準であると，認められるべきだ．

言語に対する規範意識は，イギリス王が即位し，大英帝国の設立と共に強
くなっていったのかもしれない．ノルマン・コンクェスト以来，英語がわか
らない王が即位するのが普通だった．ヨーロッパでそれほど存在感があると
は言えなかったイギリスが，世界に冠たる大英帝国に成長するにつれ，自分
たちが使用している言葉に誇りを持つようになり，その正当性の拠り所を求
めるようになる心理は，人間として自然な欲求の一つでもあるようだ．

19 世紀まで国際語として絶大な力を持っていたフランス語は，「フランス
語は論理的な言葉である」という信念をどこまでも貫いている．1635 年に
アカデミー・フランセーズを設立し，フランス語の規則を誰にでも理解でき

136   第 2 章　英語の歴史

る形に明示し，統一するという使命を持っていたのは，単なる気まぐれでは
ないのだろう．言語の規範意識は，あくまでそれを使用する，とくに上流階
級のふるまいに合わせ，認められたいという承認欲求に基づいているもの
である．また，上流階級のような言葉遣いが，出世には必要不可欠なもので
あったのだろう．自分が話す言語と類似した言語を話す人に好意を持ち，異
なる言語を話す人には嫌悪感を持つ，という感情が，人間のなかにはあるよ
うだ．

　なお，規範文法にしたがえば，シェイクスピアが使用していたような二
重比較は誤りで，正すべきものである．また，有名なところでは，分離不
定詞（to と動詞の原形のあいだに副詞が挟まったもの．Star Trek の冒頭
To boldly go where no man has gone before が分離不定詞なのはとても有
名だ）はいけないだとか，前置詞で文章を終えてはいけない，といった規
則がある．なお，この規範文法に反して文章を前置詞で終えたことに対し，
公務員から責められた第二次世界大戦時のイギリスの首相ウィンストン・
チャーチル（Winston Churchill）が，This is the sort of nonsense up with
which I will not put「この種の馬鹿らしいことには我慢ならない」と答え
たという話は有名だ．put up with を離してしまうとかなり不自然になるの
だが，その手の決まりを守ると，こういうことになるという見事なお返しで
あるといえよう．

　言葉遣いに関する，有名な映画も紹介しておこう．ロンドンの下町方言
といえば，コックニー（Cockney）[28]が有名だ．コックニーの知名度を抜群
に上げたのは，ジョージ・バーナード・ショー（George Bernard Shaw）の
『ピグマリオン（Pygmalion)』を元にした映画[29]『マイ・フェア・レディ
(My Fair Lady)』（1964 年）だろう．下町生まれの花売り娘イライザ（オー

---

　[28] 14 世紀の cokeney という奇形の卵という意味が語源であるとされる．元サッカーイング
ランド代表のデイヴィッド・ベッカム（David Beckam）がこの方言を話していたことで有名
だ．マンチェスター・ユナイテッドのデビュー当時は典型的なコックニーだったが，有名にな
るにつれ，聞き手がわかりやすい英語に変えていったようだ．レアル・マドリードにいたころ
になると，ずいぶんと別人のような発音になっている．YouTube で若いころのベッカムのイ
ンタビューがあるので，気になったら聞いてみてほしい．
　[29] ミュージカルとしても人気になった．

2.5 後期近代英語 137

ドリー・ヘップバーン Audrey Hepburn）を淑女に仕立てあげるために，言語学者のヒギンズ教授があれこれ四苦八苦する話だ．なお，この映画は第 1 章で紹介したピーター・ラディフォギッドが監修に当たっており，当時の音声学の実験室の様子が目の当たりにできる．コックニーといえば，規範的には文頭の /h/ を発音すべき所でも発音しないというのが有名だ．

しかし，じっさいのところ，h の音は落ちやすい傾向にある．(36a) に掲載している単語は，h の音が落ちるのが普通であり，(36b) にあげたとおり，history の h が落ちて，母音で始まるということを示すように不定冠詞の an が使用されることもある．また，強勢が第一音節にない historical になると，h が発音されない事例はさらに多くなる．

(37) a. 一般的に発音しない h：heir, honest, honour, hour

b. a history / an history, histórical

映画中で，ヒギンズはイライザに以下の歌を歌わせる．息を吹きかける装置があり，/h/ が正しく発音されていれば，着火したランプの火が軽く燃え上がるのだが，イライザは /h/ の音を落としているため，火が反応しないという有名なシーンがある．

(38) In *H*ertford, *H*ereford and *H*ampshire *h*urricanes *h*ardly ever *h*appen.

また，他にも規範的には [eɪ] と発音すべき箇所が [aɪ] になったりするので，rain が [raɪn], Spain が [spaɪn] という発音になる．

オードリー・ヘップバーンの第一言語はオランダ語であったと言われており，日常会話の英語はオランダ語なまりであったそうだが，イライザの役柄ではみごとなコックニーを操って見せている．なお，ヘップバーンは英語も堪能であったが，フランス語，スペイン語，ドイツ語，イタリア語も使えた多言語話者 (polyglot) であったことでも有名だ．

文頭の /h/ が落ちるのはコックニーだけではなく，オセアニアの英語（オーストラリアとニュージーランド）でも見られる現象だ．フランス語でも文頭

の h は発音しないことが有名だが，これには何か理由があるのだろうか.

　少しだけ，英語の摩擦音の体系と，破裂音の体系を振り返ってみよう．以下の通りになるのだった．有声摩擦音の ɦ に，括弧と下線を引いてあるが，じつはこれは英語にはない音だ．他の音は，記述音声学のところでやったとおり，英語に存在する音である.

	両唇音 (Bilabial)	歯茎音 (Alveolar)	軟口蓋音 (Velar)	声門音 (Glottal)
有声音 (Voiced)	b	d	g	ʔ
無声音 (Voiceless)	p	t	k	

表 2.18　英語の破裂音

	唇歯音 (Labiodental)	歯音 (Dental)	歯茎音 (Alveolar)	後部歯茎音 (Postalveolar)	声門音 (Glottal)
有声音	v	ð	z	ʒ	**(ɦ)**
無声音	f	θ	s	ʃ	h

表 2.19　英語の摩擦音

　有声声門破裂音の ʔ は例外だが，それ以外は基本的に，有声音 と無声音のペアがそれぞれ存在しているのがわかる．言語というのはバランスのとれたシステムになる傾向があるので，有声声門摩擦音の相手がいない/h/は不安定な音であるともいえるのだ．/h/の音が消えていくのは，実は理にかなったことであって，もしかすると 100 年もすれば，英語全体から無声声門摩擦音の/h/は消えていく運命にあるのかもしれない．音声学的にも，イギリスの他の地域の英語でも，中間の社会階層のあいだでも，文頭の/h/の発音が落ちるのはよく見られることであり，労働者階級に至っては，地域によらず大半が落とした発音になっているという報告もある (Hughes et al., 2012).

　コックニーの他の特徴として，Svartvik and Leech (2016) が指摘しているものとしては，th の箇所を/θ/ではなく，/f/と発音するため，think

2.5 後期近代英語 139

が fink, thousand が fahsn といった風に聞こえたりする用例がある．また，/ð/を/v/と発音することがあり，bother を bovver といった風に発音することもある．また，容認発音では/l/と発音する箇所で母音になるため，well が/wel/ではなく，/weu/，field が/fi:ld/ではなく，/fɪu/となったりする．他にも，people が/'pi:ple/ではなく，/'pi:po/という発音になるという現象がある．

興味ぶかいところで，押韻俗語 (rhyming slang) というのもある．意図する意味とは関連のない2語を含み，そのうち後ろのほうの語が，意図する語と脚韻を踏むという特徴がある．主な例は以下の通り．

(39) apples and pears = stairs, Adam and Eve = believe, trouble and strife = wife, bees and honey = money, cobblers' awls = balls, Bristol City = titty

---

バーナード・ショーと英語の綴り

これまでに見てきたとおり，英語は，中英語まで標準とされるような英語がなかった．また綴り字を統一するという意識も，カクストンの印刷技術の出現を待たねばならなかった上に，大母音推移のような音変化もあったということで，綴りと発音とのあいだの対応関係がわかりにくい，たいへん，悪名高い言語となってしまった．

バーナード・ショーはこの現実に納得がいっておらず，1.3 でも紹介した「ghoti「魚」は fish と呼べる．なぜなら，tough /f/, women /i/, nation /ʃ/となっているからだ」という皮肉を言ったということでも有名である．売れっ子作家だった彼は，死後，自分の著書の印税を用いて，Shavian alphabet という綴り字改革に乗り出すよう遺言を残したということも有名だ．

バーナード・ショーのずっと昔，初期近代英語のころには，William Bullokar (1531?-1609) が，発音に対応するため 37 のアルファベッ

トを提唱したこともあったが，けっきょく，定着することはなかった．

もちろん，これには理由がいくつかある．一つには，ラテン語の影響もあり（初期近代英語の 3.4 参照）黙字 (silent letter/mute letter) という発音されない文字がやたらと多いこと．debt や doubt の他にも，night, know, handkechief, psychology などがある．また，gh だけで，ghost /g/, tough /f/, hiccough /p/ などさまざまな音を表すこと，逆に/g/を表すのに game, ghost, guest や，/k/を表すのに cool, choral, sick, keep などさまざまな綴りがあり得ることなどである．同音異義語 (homophone) が air/heir, beach/beech, brake/break, eye/I flour/flower, hear/here など，やたらと多いのも問題になるだろう (寺澤, 2008)．また，この種の綴り字と発音の問題に関して気になる方は，大名 (2014) を参照してほしい．

　話を規範文法書に戻そう．このように規範文法書が出版されるようになった．18 世紀末になり，英文法書のベストセラーといえば，リンドリー・マリー (Lindley Murry) による，English Grammar だと言われるような文法書が出版された．マリーはアメリカ人だったが，健康上の理由からイギリスへと移住し，そこで English Grammar を執筆する．この本は，ラウスの路線を踏襲し，英語の規範を示すと共に，誤りとされる例を含むことで，正否が確認できる非常に使いやすい文法書であった．

　渡部 (2003) によれば，日本で最初にできた英文法書は，江戸時代末期の天文方見習の渋川六蔵敬直の『英文鑑 (1841)』であり，これはマリーの英文法書のオランダ語版を，渋川が日本語に訳したものであるとされる．その後は，簡易版が出回り，日本における初期の英文法教育に大きな影響を与えたものと推測される．

　マリーの英文法の特徴は，規範を提供すべきだという視点があることであり，この点でラウスの立場と類似している．しかし，言語は日常の慣行にし

2.5 後期近代英語 141

たがう点も多々あり，彼は規範と現実とのあいだで折りあいがつけられるべきであるという立場も表明していたようだ．渡部 (2003) は，マリーが弁護士であったことから，法と現実・慣用との折り合いをつける能力に長けていたと指摘しているが，あながち間違いではないのかもしれない．

マリーの英文法は，学習者に対する配慮が散見され，やさしくて面白いということを主眼に，さまざまな配慮がなされている．活字の大きさを変え，文例をたくさんあげ，なるべく理解しやすい理論を提供することを心がけていたようだ．

2.5.2 英語辞書

初めての本格的な辞書と呼んでいいのは，おそらくサミュエル・ジョンソン (Samuel Johnson) による，A Dictionary of the English Language (1755) であろう．見出し語の例を文学作品から引用するアプローチは，現在の辞書でこそスタンダードになっているが，彼が始めたやり方である．

ジョンソンは，当初，辞書の目的は英語の純粋さを守り，意味の確認をしていくことと書いていたが (“The chief intent ... is to preserve the purity and ascertain the meaning of our English idiom.” (Crystal, 2018, 78))，最終的には，辞書の目的は言語を記録しておくこと (register the language) であるという，穏当な見解に変わったようだ．

ほとんど独力で完成させ，収録語彙数が 43,500 にもなる辞書は，語の意味が詳細に記述され，じつに見事な編集ぶりである．彼の才能の一面が垣間見られる．また，用例はエリザベス一世時代から集めてきており，自分と同時代の用例は使用していないようだ．たとえば，彼による oats「オート麦」の項を見てみよう．[30]

---

[30]Johnson (2007) から取ってきたが，website でもジョンソンの辞書項目は見られる (https://johnsonsdictionaryonline.com)．Johnson (2007) はデイヴィッド・クリスタルの注釈もあり，おもしろい．

142   第 2 章　英語の歴史

Oats. n.s.[31] [aten, Saxon.][32] A grain, which in England is
generally given to horses, but in Scotland supports the people.

It is of the grass leaved tribe; the flowers have no petals, and are
disposed in a loose panicle: the grain is eatable. The meal makes
tolerable good bread. *Miller.*

The oats have eaten the horses. *Shakespeare.*

It is bare mechanism, no otherwise produced than the turning of
a wild oatbeard, by the insinuation of the particles of moisture.
Locke.

For your lean cattle, fodder them with barley straw first, and the
oat straw last. *Mortimer's Husbandry.*

His horse's allowance of oats and beans, was greater than the jour-
ney required. *Swift.*

　説明や用例こそ悪くないが，スコットランド人に対する偏見が現れている
のは否定できないであろう．なお，スコットランドから「だから，スコット
ランド人は優秀で，イングランドの馬は優秀なのだ」という返信があったと
いう逸話も残る．

　なお，辞書の編集者（ここでは本人も示している）に関しては，以下のよ
うに定義している．彼の皮肉っぽい性格がよくわかる．[33]

Lexicógrapher. n.s. [lexicographe, French.] A writer of dictionar-
ies; a harmless drudge, that busies himself in tracing the original,

---

[31] noun substantive の略
[32] 語源が記載されてある．サクソン語の aten から．
[33] dull の説明に関連して，To make dictionaries is *dull* work という例文も使用している．

2.5 後期近代英語 143

and detailing the signification of words.

Commentators and lexicographers acquainted with the Syriac language, have given these hints in their writings on scripture. *Watts's Improvement of the Mind.*

また，現代英語では定着した感のある plenty は，plentiful の野蛮な使い方であるとも言っている（太字部分）．この種の姿勢は，文法に対する強い規範的態度であると見なすことができるだろう．

Ple'nty. [from *plénus*, Lat. full.]

Abundance; such a quantity as is more than enough.

Peace,
Dear nurse of arts, plenties and joyful birth. *Shakespeare.*

What makes land, as well as other things, dear, is plenty of buyers, and but few sellers; and so plenty of sellers and few buyers makes land cheap. *Locke.*

Fruitfulness; exuberance.
The teeming clouds
Descend in gladsome plenty o'er the world. *Thomson.*

It is used, I think, barbarously for plentiful.

To grass with thy calves,
Where water is plenty. *Tusser's Husbandry.*

If reasons were as plenty as black berries, I would give no man a reason on compulsion. Shakesp. *Henry IV.*

A state in which enough is had and enjoyed. Ye shall eat in plenty and be satisfied, and praise the Lord. *Joel ii. 26.*

中英語・近代英語になり，古英語のころにあった屈折がほとんどなくなると，1.6.1 で扱った品詞転換のような現象が，かなり出現してくるようになった．ジョンソンはこの現象も快く思っておらず，シェイクスピアの用例をあげて批判している．

ジョンソンの活躍もあり，見出し語，語源，例文などを掲載する辞書が出版された．ウェストミンスターの首席司祭であったリチャード・トレンチ (Richard Trench) が呼びかけ，ハーバート・コウルリッジ (Herbert Coleridge) からジェイムズ・マリー (James Murray) へと引き継がれた英語辞書の金字塔 A New English Dicitonary (The Oxford English Dictionary, OED) は大きな貢献だろう．完成までに，1857 年から 1928 年までかかった．全 12 巻，15,487 ページにも及び，414,825 語が収録され，OED の略語で，現在でも幅広く利用されている．編纂や資料提供は，主婦から囚人にまで及び，それらは OED の序文に記されている．

2.6 法と活用の歴史

ここでは，「法 (mood)」に関する歴史をふりかえっておこう．「法」という言葉そのものが誤解を招きそうだが，英語史における法律 (law) の話をするわけではなく，動詞の活用を変える要因の一つとしての「法」である．

現代英語における法といえば，仮定法 (subjunctive mood) がある．中学や高校の教員であっても誤解があるようだが，別に if 節を用いるから仮定法といっているわけではない．以下にあるように，if 節があって，仮定法が用いられている場合も，用いられていない場合（直説法, indicative）もありうる．

(40) a. If this <u>is</u> true, the plan will have to be revised. （直説法）

b. If this <u>were</u> true, the plan would have to revised. （仮定法）

2.6 法と活用の歴史 **145**

　日本語に訳すと，どちらも「もしこれが事実なら，予定は修正しないといけません」という意味になるが，(40a) では，その可能性があるかもしれない，(40b) では，そのような可能性はないだろう，という文脈で使用されている．事実である可能性に違いがあるのだが，それを動詞の活用で表現しているのだ．

　主語の this が三人称単数なのに，be 動詞が複数の were で呼応するのは，現代英語の規則からすればありえない．だが，これはもともとは古英語の be 動詞 bēon の接続法過去の形 wǣre の名残りであり，その影響が現代英語の一人称単数，ないしは三人称単数の主語においてみられるものだ (Huddleston and Pullum, 2002).[34] 以下の古英語の活用表を確認してもらいたい (Hogg et al., 1992).

　英語の be 動詞は三種類あり，語根がそれぞれ違う．am, are, is というラテン語の be 動詞 sum, es, est 由来のもの，be-グループと呼ばれているラテン語の fio 'make'，サンスクリット語の bhū- 'dwell' 由来のもの，そして強変化動詞 wesan[35]由来の過去形，was, were がある (Hogg et al., 1992).

	一人称単数	二人称単数	三人称単数		複数
直説法	eam	eart		is	sind(on), sint, (e)aron
接続法	sīe	sīe	sīe		sīen

表 2.20　s-語根の活用（古英語）

---

　[34]Huddleston and Pullum (2002) は一人称単数，三人称単数の主語にみられる were を非現実法 (irrealis) として，特別なステータスを与えて分析している．動詞の活用・形態変化という観点からみれば，これは妥当な分析のように思える．
　[35]この語じたいだが，サンスクリット語の vásati 'he dwells (remains)' という意味の動詞の活用が貧弱になったもの由来であるという経緯がある．

	一人称単数	二人称単数	三人称単数	複数
直説法	bēo	bist	bið	bēoð
接続法	beō	beō	beō	beōn

表 2.21　b-語根の活用（古英語）

	一人称単数	二人称単数	三人称単数	複数
直説法過去	wæs	wǣr-e	wæs	wǣr-on
接続法過去	wǣre	wǣre	wǣre	wǣren
命令法	bēo	bēo	bēo	bēoð

表 2.22　wesan の活用（古英語）

2.3 で紹介したように，中英語期に，動詞の活用がかなり貧弱になってきた．中英語期の南東部方言の be 動詞の活用も，確認しておくことにしよう (ibid.).

	一人称単数	二人称単数	三人称単数	複数
直説法現在	am	art	is	be(n),are(n)
直説法過去	was	were	was	were(n)

表 2.23　be 動詞の直説法（中英語）

	単数	複数
接続法現在	be	be(n)
接続法過去	were	were(n)
命令法	be	be(th)

表 2.24　be 動詞の接続法と命令法（中英語）

現代英語において，非事実的な事象を表す were は，認識的な距離 (modal

2.6 法と活用の歴史　　　　**147**

remoteness) を表現するのに使われる.*36 つまり, if, as if, as though で導かれる副詞節や, wish, would rather などの補文で使用されることになる. そのため, 下記のような動詞の変化がありうる.

(41)　a.　She talks to me as if I <u>were</u> a child.

　　　b.　I wish I <u>were</u> free now.

なお, 規範的には were が使用されるのが推奨されるが, (41) のような例であっても, インフォーマルな口語表現では was が使用されることもある. 主語が単数であることを, どこかで意識していることによるのだろう.

他の状況についても考えてみよう. 現代英語において, いわゆる仮定法が使用される環境としては, 以下のようなものがある.

(42)　a.　It is essential that she (should) <u>take</u> great care. [命令的判断を表す形容詞述部の主語]

　　　b.　It is important that he (should) <u>be</u> told. [同上]

　　　c.　We demanded that they (should) <u>be</u> nominated. [要求・主張・提案・命令の意味を表す動詞の補文]

　　　d.　He suggested that the meeting (should) <u>be</u> postponed. [同上]

　　　e.　Extraordinary precautions were taken so that no stranger <u>be</u> allowed in the city. (Huddleston and Pullum, 2002, 1000) [目的・結果を表す副詞節]

　　　f.　A true friend would change subjects so that they <u>could do</u> projects together. (ibid.) [同上]

　　　g.　It meets with continuing hostility from those who see themselves as fostering and guarding serious art, whether it <u>be</u> in the theatre, in fiction, or on television. (ibid.) [譲歩を表す副詞節]

---

*36一般動詞の場合, 現在の非事実の事象に過去形が使用されるのも, おなじみだ.

148　　　　　　　　　　　　　　　　　　　　　　　　　第 2 章　英語の歴史

h.　　Achieving the optimum blast design for a particular rock
　　　mass type, be it in mining or quarrying, can be an expen-
　　　sive and time-consuming procedure. (ibid.) [同上．なお，
　　　接続詞の whether を省略し，be 動詞を主語の前に置いて
　　　いる]

i.　　Whatever he (may) say, my mind is made up. [同上]

j.　　Long live the Emperor.　God save the Queen!　God help
　　　you if you're not ready on time!　Far be it from me to
　　　complain.　So be it. [古い言い回し．なお，この God Save
　　　the Queen はイギリスの国歌，及び英連邦政府の王室歌で
　　　ある．]

　(42a-d) は，高校までの英語で頻出事項の文法項目だったはずだ．命令
的接続法/仮定法 (mandative subjunctive) とも呼ばれている用法である．
mand は demand や mandatory などにあるように，命令的な意味を含んで
おり，義務/束縛様相 (deontic modality) の must にたとえられる．[*37] な
お，イギリス英語では should が用いられる傾向にあり，アメリカ英語で動
詞の原形が使用される傾向にある．[*38]後述するが，この状況で動詞の原形が
使用されているアメリカ英語の方が，接続法の名残を保持しているのであ
る．変わったのはイギリス英語の方だ．接続法の活用が衰退し，should が
挿入されるようになったのが事実だ．なお，(42a-d) の用例は直説法で（つ
まり，(42a, b, d) で三単現の -s がつく）書かれたり話されたりすることも
ある．規範的にも誤りではないが，その場合，命令的なニュアンスが接続
法/仮定法を使用した時よりも薄れる．

　[*37]deontic modality は義務様相と訳されることが多い．「束縛」という訳語を提案している
研究の一つに『モダリティ (澤田, 2006)』がある．理由としては，許可や確約という意味も含
まれていること，deon-がギリシア語の「束縛しているもの」に由来していることなどがあげら
れている．なお，様相/モダリティとは，文の述べ方に対する主観的な意味内容を表す表現のこ
とだ．話者の判断に関わる意味的な概念である．must は束縛様相では「〜しなければならな
い」という意味を表し，認識様相 (epistemic modality) では「〜に違いない」という意味を
表している．

　[*38]コーパスで昨今の使用状況を見てみれば，この傾向も割れてきているようだ．アメリカで
もイギリス英語の，イギリスでもアメリカ英語の影響があると考えていいだろう．

2.6 法と活用の歴史   **149**

(42e, f) は，目的を表している that 節内で仮定法が使用されている例だ．
(42f) のように can が入ることも多い．

(42g, h) では，譲歩の副詞節内で仮定法が使用されている例である．な
お，主語・助動詞倒置を用いることによって，(42h) のように接続詞を省略
することもできる．[39] 主節で仮定法が使用されるのは，(42j) のような慣用
句 (God bless you など) や昔から歌われている歌の歌詞など，ごく限られ
た事例だけだ．現代英語の規則としては存在していないと考えても，問題は
ないだろう．

日本の学校英語ではあまり聞かない話だが，ちょっと付け加えておこう．
動詞の原形と should ＋ 動詞の原形は交替可能なことが多いが，以下のよう
な主観的態度を表すような例では should が必要で，動詞の原形は使用され
ない．

(43)　a.　We felt incensed that he <u>should</u> have been treated so le-
niently. (Huddleston and Pullum, 2002, 1002)

　　　b.　It is wrong that a judge <u>should</u> sit while his conduct is
under investigation. (ibid.)

この種の should を使った節が補文として必要とされる表現は，a good
idea「いい考えだ」, a pity「残念だ」, appropriate「適切な」, astonishing
「驚くべき」, can't imagine「想像できない」, distressed「心を痛めて」,
expedient「都合のよい」, extraordinary「尋常ではない」, fortunate「幸
運な」, honoured「光栄な」, impossible「不可能な」, improper「不適切

---

[39]こういった倒置現象は，じつは名詞節の場合にも観察される．イングランド北部方言や北
アイルランド方言では，以下のような現象があることが知られている．

i.　　I asked would you be in class.

ii.　　I asked if you would be in class.

iii.　　* I asked if would you be in class.

(i, ii) にあるような形が可能である．なお，主語・助動詞倒置をしながら，かつ接続詞を残
した (iii) のような文は非文法的であることに注意．興味のある方は Henry (1995) などを参照
のこと．

150　　　　　　　　　　　　　　　　　　　　　　　　　第 2 章　英語の歴史

な」, inevitable「不可避の」, intelligible「わかりやすい」, ironic「皮肉
な」, lamentable「悲しむべき」, natural「自然な」, perturbed「不安な」,
puzzling「困惑させるような」, remarkable「注目すべき」, right「正しい」,
sad「悲しい」, suitable「適切な」, surprising「驚かせるような」 (ibid.)
のようなものがある.

　(42) のような事例は, 現代英文法の枠組みでは, 仮定法現在と称される
ことがある. 動詞の特殊な形が, 現在形という形で必要である事情を考慮し
た上での配慮だろう. 少しややこしいが, 現代英語で仮定法と呼ばれる現象
は, 以下の二つを区別した方がよさそうだ.

(44)　現代英語の仮定法

　　a. 過去：認識的な距離 (modal remoteness) を表現する. 時制が
　　　　一つ過去にずれる特徴がある（現在の事実に反する仮定なら過
　　　　去形, 過去の事実に反する仮定なら過去完了形, ないしは be 動
　　　　詞の were). wish, would rather の補文, as if, if, though 節な
　　　　どで使用される.[40]

　　b. 原形：動詞の原形, ないしは should ＋ 動詞の原形が使用され
　　　　る. 命令的判断を表す形容詞述部の補文主語, 要求・主張・提
　　　　案・命令の意味を表す動詞の補文, 譲歩節, 目的・結果節などで
　　　　使用される.

　ここでもういちど, この節の表 2.20, 2.21, 2.22 の古英語における be 動詞
の活用表と, 2.2.2 に掲載した古英語の動詞活用表を確認してみよう. 古英
語では, 直説法と, 接続法[41]・命令法の動詞の形を区別していたのだった.
命令法は, 命令文だからわかりやすいが, 接続法がどういう状況で使われて
いたのかを確認しておかないと, 混乱の原因になりうる. まず注意しておき

---

　[40]条件節の if で現在形の代わりに, 原形の be が用いられることがある（古風な言い方では
ある). 文法書ではこれも接続法・仮定法として分類・記述されていることには注意しておきた
い. ただし, 認識的な距離はあまりないとされ, 事実・非事実の両方のできごとに使用される.
　[41]subjunctive の訳語について. 古英語の分析には「接続法」という訳語が当てられること
が多いので, 混乱を承知で, 仮定法ではなく接続法という訳語を, 古英語の分析に対しては採
用することにする. 現代英語では, 仮定法の方が定訳だと思われるので, 仮定法と訳しておく.

2.6 法と活用の歴史

たいのが，古英語では，接続法は事実か非事実を問わず，広く使用されてきたということだ．現代英語の仮定法と比べると，その使用範囲はずいぶんと広い．

　接続法が使用されやすいのは，非事実，可能性，忠告，願望，要求，命令，禁止，仮定，推測，疑いといった述部に対する，補文節である．[*42] また，hear, say といった「伝聞，発言」の動詞に対する補文にも使用されてきた (Hogg et al., 1992)．それにくわえて，if 節が非事実の事象を表す場合に，忠告や命令を表す場合にも使用された．つまり，Feed my sheep if you <u>love</u> (接続法) me. という文がありえたのである (Hogg et al., 1992, 257)．また，時間を表す þa 'when' 節内でも使用されたり，目的を表す þæt 'that' 節内でも使用された (ibid.)．その他の副詞節の場合にも，比較節の内部でも接続法は使用された．つまり，用法としては現代英語の仮定法よりかなり広範囲に渡っていた，ということが言えるのである．

　中英語期以降に接続法語尾が消失するようになり，現代英語では「時や条件を表す副詞節では現在形を使用する」ようになっている．この現象は，中学や高校で習ったことがあるはずだ．つまり，「もし明日雨なら」は If it will rain tomorrow ではなく，If it **rains** tomorrow と表現する必要があるのである．堀田 (2016) が指摘するように，これは接続法が消失することにより，現在形でその消失した現象を埋め合わせるようになったのだろう．手持ちの表現のオプションで，ある種の意味現象の記述の埋め合わせをするという言語変化は，普遍的に見られるものだ．

　ここで，中英語期の動詞語尾の活用も確認しておこう．強変化動詞でも弱変化動詞でも，語尾変化がずいぶんと単純になってきたことがよくわかる

[*42]断言したり，検証したりできないのがつらいところだが，「使用しやすい」という言い方は，「使用しなくてもよい」という意味を含意している．たとえば，現代英語では wish はその補文に仮定法（過去）を用いて使用する動詞になっている．しかし，古英語では，接続法の他に直説法による用例の存在が指摘されている (Akimoto, 2006, 126)．中英語期以降に接続法の用法が優位になり，現在に至っているようだ．

(Hogg et al., 1992).[43]

	一人称単数	二人称単数	三人称単数	複数
直説法現在	·e	·(e)st	·eþ	·aþ
直説法過去	-∅	·e	-∅	·on

表 2.25　強変化動詞の直説法語尾（中英語）

	単数	複数
接続法現在	·e	·en
接続法過去	·en	·en
命令法	∅	·aþ

表 2.26　強変化動詞の接続法と命令法（中英語）

	一人称単数	二人称単数	三人称単数	複数
直説法現在	·e	·e(st)	·eþ	·aþ
直説法過去	·e	·(e)st	·e	·on

表 2.27　弱変化動詞の直説法語尾（中英語）

	単数	複数
接続法現在	·e	·en
接続法過去	·e	·en
命令法	·e	·aþ

表 2.28　弱変化動詞の接続法と命令法（中英語）

---

[43] ∅ は語尾変化がないことを示す.

2.6 法と活用の歴史 153

　譲歩節や条件節で非事実のことに対しては接続法，現実のことであれば直説法，という棲み分けが進行していくのも，中英語期以降のことだ．ただし，非事実のときに使用する接続法に混じって，直説法過去の動詞活用も使用されるようになってきた (Hogg et al., 1992)．じっさい，これらの語尾は綴り字でも見分けにくく，活版印刷技術のなかった話し言葉中心の時代であれば，なおさら区別が難しかったことだろう．

　比較節の内部でも，中部（ミッドランド）では中英語期に直説法で表現されるようになり，南部のほうでは接続法を保つ，という地域差が見られた．興味深いのはチョーサーの英語で，これから起こりそうな出来事や確信が持てない出来事には，接続法を使用していたようで，助動詞の should も使用していたことが指摘されている (Hogg et al., 1992, 357)．

(45) 　a. 　It is ful lasse harm to lete hym pace,/ Than he <u>shende</u> alle the servantz in the place.

　　　 b. 　Arveragus... hadde levere dye in sorwe and in distresse/ Than that his wyf <u>were</u> of his trouthe fals.

　　　 c. 　For, by my trouthe, me were levere dye/Than I yow <u>sholde</u> to hasardours allye.

　古英語期に，さまざまな様相/モダリティは，動詞の活用変化を利用することによって表現されてきた．しかしながら，こういった活用変化が貧弱になるのに伴って，さまざまな法助動詞 (can, may, might, shall, should, will, would) も出現してきた．上のチョーサーの例もそれに該当する．これらはもともとは一般動詞として使用されており，本動詞が後続する必要もなければ，状況によって活用変化を伴ったりもする．たとえば，can は古英語のころには cunnan という動詞であり「知っている，する力を持つ」という意味を持っていた．これが，徐々に助動詞としての使用が増加し，可能や許可の意味を持つようになってきたのである．なお，この種の，本動詞が助動詞になったり，名詞が代名詞になったり，内容語が文法的機能を帯びるようになる現象は，文法化 (grammaticalisation) と呼ばれている．

　古英語や初期の中英語期には，「ありえる最高の程度」を表すということ

で，比較節で，接続法が使用されていた．関連する例は以下の通り (Hogg et al., 1992).

(46)　　Aþulf sede on hire ire/So stille so hit <u>were</u>. (Horn (Cmb) 309-10)
　　　　'Adolf said in her ear as quietly as possible.'

こういった接続法に代わって，法助動詞が使用されるような例も後期の中英語期に出現するようになってきた．どちらもチョーサーのカンタベリー物語の例である (ibid.).

(47)　a.　　And fleeth the citee faste as he <u>may</u> go.　(CT I.1469 [1:1471])
　　　b.　　And spedde hym fro the table that he <u>myghte</u>.　(CT II..1036 [3:1036])

こういった事情を踏まえると，接続法が広く使用されていたのが古英語，そして中英語期に徐々に消失し，現代英語では一部の表現に接続法の名残りが残っていると考えるのが妥当なようだ．とくに，認識的な距離を表現するときには，軸となる時制よりも過去の活用を使用する，という形で残ったのは興味深い．時間的な現象の距離感と事実との距離感を，同じ動詞の活用で表す用法には，どこかで共通性があるように思われる．

また，仮定法現在とされる用法も，基本的には非事実の表現である．命令的判断の意味を表す形容詞で評価される補文主語や，要求・主張・提案・命令の意味を表す動詞の補文は，ともに「現在の事実」を表しているわけではない．接続法といえば，事実ではないと認識されている行為や状態に対して使用される動詞の形であると一般的には了解されているが，もともとはラテン語で sub = under, iungere = to join together という意味があり，ギリシア語の surbordinated の翻訳借用の例であると考えられている．その名の通り，古英語では従属節内部の動詞の活用として広く使用されてきたものの，活用語尾の消失とともに，範囲が徐々に狭まって現代のようになっているのだろう．

2.6 法と活用の歴史   **155**

練習問題

以下の単語の下線部の対応関係を，第一次子音推移と関連させて，その変化を考察しなさい．

(1)   a. sli<u>pp</u>ery, lū<u>b</u>ricus (Latin)

        b. <u>t</u>en, <u>d</u>ecem (Latin)

        c. yo<u>kk</u>e, iu<u>g</u>um (Latin)

(2)   a. <u>f</u>ather, <u>p</u>ater (Latin)

        b. <u>th</u>ree, <u>t</u>res (Latin)

        c. <u>h</u>orn, <u>c</u>ornū (Latin)

(3)   a. <u>b</u>rother, <u>bh</u>rūtar (Sanskrit)

        b. bin<u>d</u>, ban<u>dh</u> (Sanskrit)

        c. <u>g</u>uest, <u>h</u>ostis (Latin)

(4)   古英語から現代に至るまでに，さまざまな音韻上の変化が見られている．以下の場合のそれぞれについて，どのような音声変化が見られるか記述せよ．

        a. hlud [xlu:d] (OE) → loud (ME)
            変化：(1) [x] が消失した．(2) 長母音の [u:] が [aw] に変化した．

        b. fisc [fisk] (OE) → fish (ME)
            変化：

        c. gāt [ga:t] (OE) → goat (ME)
            変化：

        d. tēþ [te:θ] (OE) → teeth (ME)
            変化：

(5)   シェイクスピアが thou と you を混ぜて使用している例はいろいろとあるが，以下の作品の二人称代名詞の変更に注意しながら，登場人物の心理を分析しなさい．

a. Lady Macbeth treats her husband as an equal: 'Was the hope drunk / Wherein you dressed yourself?' Lady Macbeth expresses her contempt of him: 'Art thou afeard...' (Macbeth, 1.7.35.39))

b. Othello assumes a friendly demeanour, asking Desdemona for her special handkerchief: 'Lend me thy handkerchief.' After Desdemona offers a different one, he becomes more abrupt: 'That which I gave you.' (Othelo, 3.4.52, 53)

c. Gobbo isn't sure Lancelot is his son: 'I cannot think you are my son.' Gobbo realises he is: 'thou art mine own flesh and blood.' (The Merchant of Venice, 2.2.81.86)

d. Prince Hal (playing the part of his father) addresses Falstaff (playing the part of Hal): 'Now Harry, whence come you?' Hal (playing the part of his father) starts to tell him off: 'The complaints I hear of thee are grievous.' (Henry IV Part 1, 2.2.429, 431)

e. Anne expresses her hatred for Richard: 'Black night o'ershade thy day, and death thy life.' Anne is eventually persuaded by Richard: 'Well, well, put up your sword.' (Richard III, 1.2.131, 196)

(6) 大母音推移が起こったとする証拠として，以下のようなものもある.

　 i. wide /ai/ vs. width /i/

　 ii. five /ai/ vs. fifth /i/

　 iii. sheep /iː/ vs. shepherd /e/

　 iv. keep /iː/ vs. kept /e/

下線部の母音の発音を分析し，ここのペアがなぜ大母音推移があったとする見解を支持する証拠になるのか，議論しなさい.

(7) groom, room の発音を辞書で調べ，なぜ発音が複数あるのか考えなさい.

2.6 法と活用の歴史　　　　　　　　　　　　　　　　　　**157**

(8) [g] は前舌母音が後続する場合，[dʒ] という発音になるはずだが，get
では [g] と発音される．この理由について説明しなさい．

(9) Studying Varieties of English (`https://www.uni-due.de/SVE/`) を
利用して，英語の広がりと歴史についてまとめなさい．

以下，Finegan (1998) から，そして必要に応じて少し改変したもの．

(10) 現代英語の単語で，ラテン語やギリシア語から借用された単語は，第
一次子音推移の影響を受けていない（3.1 の 77 ページ以降で説明し
たように，第一次子音推移は，印欧祖語のゲルマン語派に影響した
ものだからだ）．こういった借用語は，ゲルマン語派を経由せずに，
印欧祖語から直接受け継いでいる．そのため，この種の単語は，第
一次子音推移によって記述されるような子音変化を経ていない．以
下の英単語の中から，意味の上で関連しており，子音変化の結果が
音声上反映されているような単語のペアを抜き出しなさい．ここで
は，単語の語頭の子音にのみ注意すること．たとえば，pedal がある
とすると，意味上関連していて [f] で始まることから，foot のような
単語を見つけられればよい（なぜなら，印欧祖語の [p] はゲルマン語
派で [f] になったからである）．

   a. cardiac

   b. paternal

   c. plenitude

   d. dual

   e. pentagon

   f. dentist

   g. capital

   h. piscatorial

   i. triangle

   j. cordial

   k. canine

   l. decade

158　　　　　　　　　　　　　　　　　　　　　　第 2 章　英語の歴史

(11)　第一次子音推移の結果，印欧祖語の [bʰ] はゲルマン語派では [b] に，印欧祖語の [gʰ] は [g] に変わった．ゲルマン語派ではないことから，ラテン語はこういった子音推移を経ていない．その代わり，印欧祖語の [bʰ] は，ラテン語では [f] に，印欧祖語の [gʰ] は [h] に変わった．以下の単語はすべてラテン語からの借用語だが，どれが印欧祖語から直接英語に入ってきたかを考えなさい．語頭の子音にのみ注目し，他の音韻変化には注目しないものとする．

   a.　fraternity

   b.　flame

   c.　fundamental

   d.　hospitable

   e.　fragile

   f.　fracture

(12)　古英語 (OE) の単語 dēor が，animal の意味から現代英語 (ME) では deer の意味に特定化された現象についてはすでに述べた．以下の単語を見て，単語の意味が現代英語に変わったさいに特定化 (specialised) されたのか，一般化した (generalised) のか，答えなさい．

   a.　berēafian 'deprive of' (OE), bereave (ME)

   b.　hlāf 'bread' (OE), loaf (ME)

   c.　spēdan 'prosper' (OE), speed (ME)

   d.　spellian 'speak' (OE), spell (ME)

   e.　hund 'dog' (OE), hound (ME)

   f.　mete 'food' (OE), meat (ME)

   g.　wīf 'woman' (OE), wife (ME)

   h.　dōm 'judgement' (OE), doom (ME)

   i.　sellan 'give' (OE), sell (ME)

   j.　tīd 'time' (OE), tide (ME)

第 3 章

世界の中での英語

Glory is like a circle in the water, Which never ceaseth to enlarge itself. Till, by broad spreading it disperse to nought.

William Shakespeare, *Henry VI*

この章では，ブリテン島とそれ以外で使用されている英語を中心に，世界に広がっていった英語の姿を追いかけていくことにしよう．

アメリカ英語とイギリス英語はずいぶんと違う．イギリスにもアメリカにも住んだことのある筆者からすれば，体験談だけでもいろいろと話せそうだが，とりあえず異なる語彙で思いついたものを列挙するだけでも，表 3.1 のようになる．

また，イギリス英語で建物の一階は ground floor と呼ぶが，アメリカ英語では 1st floor と呼ぶ．1st floor は，イギリス英語では二階の意味だ．なお，一階を ground floor と呼ぶのは大陸ヨーロッパでも同じである．余談だが，ヨーロッパで日本人と建物の中で待ち合わせをする場合，日本語で話をしていても，階数は「一階，二階...」などと言わずに，そこだけ英語になって「ground floor, 1st floor, ...」と言っていた記憶がある．

	アメリカ英語	イギリス英語
フライドポテト	french fry	chip
ポテトチップス	chip	crisp
ビスケット，クッキー	cookie	biscuit
茄子	eggplant	aubergine
ズッキーニ	zucchini	courgette
ズボン	pants	trousers
エレベーター	elevator	lift
歩道	sidewalk	pavement
地下鉄	subway	underground
交差点	intersection	cross roads, junction
高速道路	free way, expressway	motorway
駐車場	car park	parking lot
秋	fall	autumn
アパート	apartment	flat
映画	movie	film
掃除機	vacuum cleaner	hoover
ガソリン	gas	petrol
ボンネット	hood	bonnet
タクシー	cab, taxi	taxi
鉄道	railroad	railway
請求書	check	bill
携帯電話	cell phone	mobile phone
消しゴム	eraser	rubber
行列	line	queue
私立学校	private school	public school
卒業式	commencement	graduation ceremony
サッカー	soccer	football
市街地	downtown	city centre
片道切符	one-way ticket	single ticket
郵便	mail	post
トイレ	bathroom	toilet

表 3.1　アメリカ英語とイギリス英語に見られる語彙の違い

また，表 3.2 のように，強勢の位置が，イギリスの容認発音とアメリカ英語とで違っている場合もある (Crystal, 2018, 327).[1]

アメリカ英語	イギリス英語
address	ad**dress**
adver**tise**ment	ad**ver**tisement
cigarette	ciga**rette**
controversy	con**trover**sy
fron**tier**	**fron**tier
ga**rage**	**ga**rage
inquiry	in**quiry**
laboratory	la**bor**atory
magazine	maga**zine**
pre**mier**	**prem**ier
princess	prin**cess**
re**search**	re**search**
translate	trans**late**
weekend	week**end**

表 3.2　アメリカ英語とイギリス英語に見られる強勢の違い

助動詞，前置詞，過去形，過去分詞，冠詞の使用も違うことがある．以下を見てみよう．

---

[1] 2.3 も参照のこと．

アメリカ英語	イギリス英語
shall はまれ	shall I 〜?など多め
on the weekend	**at** the weekend
in **the** hospital	in hospital
different **from/than**	different **from/to**
gotten（過去分詞形）	got （過去分詞形）
learned （過去形・過去分詞形）	learnt （過去形・過去分詞形）
dreamed （過去形・過去分詞形）	dreamt （過去形・過去分詞形）

表 3.3　アメリカ英語とイギリス英語に見られる前置詞の違い

これだけ違う英語だが，どのようにしてブリテン島内で，そして他国に，英語が広がっていったのだろうか．まずは，イギリスとアメリカの英語について概観していくことにしよう．

3.1　イギリス英語

第 2 章で，英語にまつわる歴史を簡単に見てきた．英語はブリテン島で話されていた言語である．さまざまな外圧があり，分裂があり，今に至っている．こういう事情を考慮すると，現在のイギリス英語の実態についても，よく理解できるようになると思われる．

アメリカにいれば「British English」という言葉を，そして日本にいても「イギリス英語」という言葉を耳にする機会は多いが，その実態はどういうものなのだろうか．当のイギリス人たちは，自分が「イギリス英語を話している」という実感はあるのだろうか．

その答えに関してだが，おそらく解答は半分が Yes であり，半分が No である．Yes であるという根拠は，たとえば，アメリカ英語や他の国の英語と比較すると，違う英語を話しているという認識がある．その意味では Yes であるということだ．イギリス英語，という括りで，自分たちの英語を漠然とした形では，とらえている．

3.1 イギリス英語

図 3.1 国会議事堂として使用されている，ウェストミンスター宮殿 (Palace of Westminster) とビッグ・ベン (Big Ben)．日本の各種学校で使用されているチャイムが，この時計台が奏でる Westminster Quarters/Chime であるのもとても有名だ．

No という理由は，イギリス国内で見た場合，イギリス英語という括りが漠然としすぎている，ということだ．イギリス人は，自分たちの話している英語の地域差がとても大きいことを自覚しており，それらをすべてひとまとめにするには，その変異が多すぎるということを，つね日ごろから意識している．

第 4 章でも詳しく扱うが，日本語で漠然と「イギリス」と呼んでいる国の正式名称は，The United Kingdom of Great Britain and Northern Ireland (United Kingdom, UK, U.K.) のことであり，日本語の正式名称でも「グレート・ブリテン及び北部アイルランド連合王国」と呼ばれているということを，抑えておこう．

連合王国は四つの国 (nations) からできあがった一つの連合国 (state) である．イングランド，ウェールズ，スコットランド，北アイルランドをまとめた言い方だ．それぞれの国ではずいぶんと個性的な英語を話しているた

め，自分たちがどの国に所属しているかで，方言 (dialect/accent) が全然違うという自覚がある．これは，言語的な自覚でもあり，国に対する帰属意識でもある．本書ではイングランドの英語を中心に扱っているが，興味があれば，ぜひとも，これらの国の歴史と英語について詳しく調べてみてほしい．

細かい点になるが，dialect と accent を区別してみよう．この二つの用語は，「方言」という意味で同じように使用されることが多い．ここでは，dialect は文法や語彙という観点から，他の種類と区別される言語の区分であると考えよう．つまり，変異 (variation) として考えることにする．こうすれば，標準英語 (Standard English) も英語の dialect の一種であるということになるし，あらゆる英語は dialect の一種であることになる．いっぽう，accent は単に発音上の変異である，というとらえ方を採用することにしよう (Hughes et al., 2012).

3.1.1　容認発音

イングランドにおける方言の一つとして，ロンドンの下町英語のコックニーに関しては，2.5.1 で扱った．同じ地域だが，上流階級・教養層になると，容認発音 (recieved pronunciation, RP) と呼ばれる方言が存在する．容認発音は，国営放送の BBC で基準となる英語とされ，BBC 英語と呼ばれることもある．王族が使うということから，Queen's English という呼び名もある．[2]

容認発音という言葉を広めたのは，音声学者のダニエル・ジョーンズ (Daniel Jones), 編集の English Pronouncing Dictionary 第二版の影響が大きいと言われている．[3]　昨今では，RP という特権的な言い方を嫌い，dialect の一種であるということを明確にするために，標準南部イギリス英語 (Standard Southern British English, SSBE) という言い方もある．

---

[2]Queen's English と容認発音は必ずしも同じものではない，とする見解があることに注意しておきたい．要するに，容認発音というものも，実在する言語ではなく，一定の話し方をする人たちの特徴の集合体を，概念化したものと言えるだろう．

[3]第一版では，Public School Pronunciation と呼んでいた．

3.1 イギリス英語 165

　一般的に，アメリカでも日本でも，「イギリス英語」といって思い浮かべる発音は，容認発音だと思われる．しかし，Trudgill (2001) の調査で，イギリスの人口の3パーセントから5パーセント程度が話すに過ぎない，ということがわかっている．

　容認発音は規範的であるとされ，BBC などメディアでも入手しやすい．かつ，The International English Language Testing Systems (IELTS) でも広く採用されており*4，本書の第1章では，容認発音に基づいた発音を記述した．何度も強調しておきたいが，容認発音だけが正しく，美しく，皆の基準になる英語というわけではない．容認発音は，数ある英語の変異の一つに過ぎない．言語にはすべて秩序があり，その例外があり，それなりの美しさがあるものである．容認発音はたまたまロンドン近辺で話されていた東中部 (East Midlands) の初期近代英語を基礎としており，この言語の使用者が多かったため広まった，というだけの話である．あらゆる言語は，地域差，年代差，社会階層，性別，個人差などが反映されており，すべて方言の一つなのである．訛りのない言語などありえないのだ．

　容認発音は未だに，知識層・インテリの話す言語であるというイメージが存在するようだ．容認発音とバーミンガム方言で，一言一句同じ話をした教授に対して，16歳から18歳の生徒は，有意に容認発音の教授のほうが知的であると思うと判断したり (Giles et al., 1975)，21世紀の調査でも，若い女学生が容認発音を平均以上の知性と考える傾向があったとする報告もある．いっぽうで，鼻につく嫌味な人の話し方というネガティブな印象もあるようだ．

　外国語として英語を学ぶさい，学習者が「いちばんいい」，「正しい」，「き

---

*4英語の熟練度を測るテスト．ケンブリッジ大学英語検定機構，ブリティッシュ・カウンシル，IDP Education によって運営されている．0から9までのバンドで，Listening, Reading, Writing, Speaking のそれぞれの結果が判定される．イギリス英語が多いが，国際的な英語が意識され，アメリカ英語も含まれている．受験料が 25,000 円前後かかるため，気楽に受けられる試験ではないが，イギリス留学のさいには受験が必要となるテストである．

図 3.2　オクスフォード大学の The Queen's College. 1341 年創設. オクスフォード大学とケンブリッジ大学で使用されるような英語はオックスブリッジ発音 (Oxbridge accent) と呼ばれ，容認発音の一種とされる. なお，Oxbridge はオクスフォード大学とケンブリッジ大学を合わせた言い方で，イギリスでよく使用される.

れいな」英語を学びたいという欲求をもつのは，当然のことなのかもしれない．じっさい，容認発音は社会階層が高く，教養のある層が話す言語である，という印象がイギリス国外でも広まっている．これまでの蓄積があることから，英語の教材でも入手しやすく，よく研究されてきており，アメリカ英語に次いで規範として採用されることが多いのは事実でもある．本書の音声学の章でも，主に容認発音を紹介してきた．

　その容認発音の特徴の一つとして，第 1 章でも述べたが，non-rhotic 方言だということを確認しておこう．non-rhotic 方言は，ロンドンから東部や北部，ちょうどスコットランド手前あたりの北部イングランド，そしてウェールズまでで用いられている (Trudgill, 2001; Hughes et al., 2012; Crystal, 2018)．イングランドでも，ロンドンから南西部あたりは，rhotic 方言なのだ．

　non-rhotic 方言では，beer や hard でも/r/が発音されないため，[bɪə]，[haːd] と発音される．この種の/r/の脱落は，250 年ほど前に，ロンドン近辺から北東部へと広がっていったとされている．じつは，もともとは/r/を含む発音が原型だったのである．rhotic 方言は，スコットランド，アイルラ

3.1 イギリス英語 **167**

ンド，南西部イングランドの他に，アメリカの多くの地域[*5]もこの仲間に入る．この指標は，英語の方言を記述するのによく使用される．

このため，non-rhotic 方言では，/r/を発音する箇所に代わって，/ə/が入った二重母音の発音になることがある．たとえば，here は/hɪə/，pure は/pjʊə/といった発音になる．

他にも，単語の最後の/l/が [ʊ] になる現象もある．たとえば，ball の発音が [bɔʊ] となったりする．また，コックニーと同じく，声門破裂音が出現してくることがある．[*6] 単語や形態素の最後が/p t k/であり，後続する要素が子音である場合，声門破裂音が出てくることがある．よって，get down が [geʔ ˈdaʊn] と発音されたりする．話者によっては，文末の/t/が声門破裂音になる，コックニーと同じ現象が観察されることもある．

コックニーと似た現象と言えば，/h/の脱落は，強勢のない代名詞の he, his, him, her や助動詞の have, has, had において観察されることもある．

また，trap-bath split という現象もある．これは，初期近代英語の時期の/æ/が環境によって長母音化し，/ɑ:/となったりすることだ．これで，容認発音においては，bath [bɑ:θ], laugh [lɑ:f] といった発音になった．この変化は北部イングランド英語や，ボストン近郊を除くアメリカ英語では見られない．これらの地域では，もともとの発音を残しているため，[bæθ], [læf] という発音になっている．また，bath では長母音化していても，trap ではそういう変化は見られない．そういった経緯もあり，この現象は，split「分裂」と呼ばれている．

容認発音は，現存している生きた言語であり，使用者がいることから，言語変化から自由であることもありえない．英語教材という形を取ると，それが正しい不変的なものであると勘違いしがちであるが，容認発音も少しずつ

[*5]3.2.3 を参照のこと．
[*6]第 1 章の声門破裂音の説明も参照のこと．

変化してきている．容認発音で起こっている変化として，一つ，smoothing という Hughes et al. (2012) が紹介している例をあげてみよう．これは，三重母音や二重母音が，単母音に変化する現象のことを言う．たとえば，昔は tyre は [tʰaɪə] だった発音が，やがて二重母音の [tʰaə] になり，今では [tʰɑː] になっている．他にも，tower や hour といった単語に含まれていた三重母音の/aʊə/が，[ɑː] に変化していることが知られている．数年後の容認発音は，現在の容認発音とは違うものになっているだろう．

3.1.2 河口域英語

河口域英語 (Estuary English) とは，とくにテムズ川の河口近辺で使用されている，南東イングランド方言のことである．[7] 容認発音は洗練されている (posh) が，どことなくお高くとまった印象があるということで，最近の若者のあいだで広まりつつある英語である．ちょうど，容認発音にコックニーが混ざっているような発音であり，元首相のトニー・ブレア (Tony Blair) が使用していたことで，認知度が上がった．今後は容認発音以上に，影響力のある方言になっていく可能性が高い．現在のところ，容認発音でもなく，コックニーでもない，ロンドン近辺の影響力のある標準英語である，という認識が形成されつつあるようだ．コックニーでよく見られる，/t/が声門破裂音の/ʔ/に変わる現象も観察される．

ただし，コックニーに見られるような/h/の脱落や，母音に挟まれた/t/が声門破裂音になるという現象は，それほどない．[8] 規範的には誤りだとされる you was のような，コックニーでは使用される一致も見られない．

---

[7]University College London の John Wells が解説や関連文献をまとめているので，興味のある方はこちらを調べてみてほしい．

(http://www.phon.ucl.ac.uk/home/estuary/home.htm)

[8]/h/の脱落は，社会階層によりばらつきがあることも知られている．一般的に，社会階層が高いほど/h/の脱落はない．また，母音に挟まれた/t/が声門破裂音になるかならないのかも，個人差のほうが大きいようだ．

3.1 イギリス英語

図 3.3 カエサルの書いたガリア戦記 (Commentarii de Bello Gallico) にも記載があるテムズ川．語源が「薄暗い川」だったのを思いだそう．イギリスの長い歴史の舞台に必ず出てくるといってもよい場所だ．

いっぽうで，容認発音では起こらないが，twenty, plenty, want といった単語で/t/の音が落ちたり，容認発音では/aɪ, aʊ/の発音が，/ɑɪ, æʊ/となったり，/tj, dj/が/tʃ, dʒ/へとなったりしているという特徴が，John Wells によって指摘されている．これは，破擦音化 (affrication) と呼ばれる現象であり，tune が choon, duke が juke, reduce が rejuce のように発音される．

Svartvik and Leech (2016) が指摘している他の特徴としては，母音の後の/l/を/u/か/o/に変えるというのがある．たとえば meal を/miːu/と発音したり，語の末尾の y を長母音にして，pity を/pɪtiː/と発音したりする．

3.1.3 北部イングランド英語

七王国では，ノーサンブリア，そしてデーンローではヴァイキングの支配地域であった北部の英語も，独自の変化をとげ，さまざまな方言が点在する地域となっている．ロンドンからやってきた non-rhotic の影響がある地域と，ない地域，単語によって影響があったりなかったりする rhotic 方言と，non-rhotic 方言の境界線でもある．

図 3.4 クリスマスのヨークの街中. 一般的に, ヨーロッパではクリスマスはがらんとして, 人がほとんどいなくなってしまう.

この地域では/uː/が大母音推移の影響を受けておらず, house, now が [hʊːs], [nʊː] と発音されたりする.

また, trap-bath split に関連する Long A/Broad A への変化がないため, bath は [bæθ], laugh は [læf] と発音される.

foot-strut split という現象もある. これは, 中英語で/u/という短母音が /ʊ/と/ʌ/へと分化した現象だが, 北部イングランド英語ではこの現象が起こらなかったと言われている. そのせいで, cut, love, up はそれぞれ [kʊt], [lʊv], [ʊp] と発音される. 大半の英語では, [kʌt], [lʌv], [ʌp] という発音である.

3.1 イギリス英語

ネットスラング

日本語のネットスラングで，写真や映像をアップロードすることを「うぷ」，「う p」と言うことがある．これは upload をあえてローマ字読みしたことによるスラングだが，英語の母音はもともとローマ字読みが基本だったことから，北部イングランド英語の読み方に従えば，おかしくない読み方になってしまうわけだ．「うぷ」を変な読み方と決めつける前に，なぜそういう読み方をしないように思うのかという部分に疑問を持つのは悪くない話である．

Svartvik and Leech (2016) は，ヨークシャーで，the の音が子音だけになり，t' と書かれる Put t'dish in t'oven のような現象を指摘している．他にも，シェイクスピア時代の thou/thee といった二人称代名詞が時に使用されると指摘している．

ありがとう

ヨークシャーを含むイングランド全域で，Thank you の代わりに Ta「タ」とだけ言う言い回しもあり，これがなかなか味があってよい．有名な言い回しだが，Cheers というのもよく使用する．このように，イギリス英語にもかなり省略がある．一部の人たちによる「イギリス英語は厳格で，文法にしたがったキレイな言語だ」という見解が幻想だということがわかるだろう．ある規則に則った省略現象は，どの言語でも観察されることだ．

この節では，「北部イングランド英語」とひとくくりにしたものの，ヨークシャー方言，Geordie と呼ばれるニューカッスル方言，Mancunian と呼ばれるマンチェスター方言，Scouse と呼ばれるリバプール方言など，それぞれびっくりするくらいの方言差がある．電車で 30 分 〜 1 時間程度の距離しか離れていないのだが，英語のヴァリエーションはそれだけ豊富で，画一的とは言いがたいのである．

図 3.5　ヨークのシンボルでもあるヨーク・ミンスター (York Minster). 発祥は 627 年にノーサンブリア王のエドウィンによる木造建築であったと言われているが，その後の度重なる戦火のため，ノーサンブリア時代の原形はとどめておらず，現在の大聖堂は 1472 年にできたものだ．

3.1.4　スコットランドの英語

スコットランドのとくに北西部のハイランド地方に住んでいた人たちは，ピクト人 (Picts) と呼ばれていた．実態はよくわかっておらず，ケルト語を話していたとされ，身体に青色で模様を描き，入れ墨をしていたと伝わる．[*9] また，いくつかの王国にわかれていたという推測もされている．ローマ軍が進軍してきたさい，2 世紀にハドリアヌスの長城を築き，ピクト人の南下を防ごうとした話は 2.1 で既に書いた．また，ローマからは「カレドニア」と呼ばれていたということも既出事項だ．

スコットランドの南部，ブリタニア北部には，ケルト系のブリトン人がいた．すでに述べたが，5 世紀中ごろまでは，広くイングランドからこの地域までブリトン人が住んでいたと考えられている．

[*9] 映画，King Arthur にも，顔を青く塗った人が出演している．

3.1 イギリス英語　　　　　　　　　　　　　　　　　　　　　　173

　そして，現在のスコットランド人の祖先の多くは，5世紀ごろにアイルランドから移住してきた，ケルト語派のゲール語を話すスコット族であったと言われている．ゲール語で「スコティ」とは「荒らす，略奪する」という意味があったと考えられ，彼らはスコット人と呼ばれるようになった．そして，スコット族によるダルリアタ王国のケネス一世 (Kenneth I)[*10] が，9世紀にアルバ王国を建設した．これがのちにイングランド人によってスコーシア (Scotia) と呼ばれ，スコットランドの原型となる．

　スコットランドの公用語は，英語とスコットランド・ゲール語だが，スコッツ語 (Scots) と呼ばれる，古英語のノーサンブリア方言を祖先に持つ言語もある．スコットランド・ゲール語と区別するため，ローランド・スコッツ語 (Lowland Scots) とも呼ばれる．スコットランド・ゲール語がハイランド (Highlands) 地方で話されていたためだ．[*11] ローランド・スコッツ語が英語の一方言なのか，それとも異なる言語と見なすのかは，見解がわかれているところでもある．語彙や発音がかなり現代英語と異なるだけではなく，語順も He trnt oot the licht to (He turned out the light) Gie's it (Give us it) といった順序が一般的だ．

　スコットランドは，北西部にあるハイランドと，グラスゴー，エディンバラなどの大都市を含む南東部のローランドに大きくわかれていた．ハイランドの人たちからは，ローランドの人たちとイングランド人との見分けがつかず，そしてお互いは「原住民 (aborigine)」と呼び合っていたのである．

　スコーシアではゲール語が使われていたため，スコットランド全土でスコットランド・ゲール語が使用されていたことがある．しかし，1066年にウィリアム一世によりイングランドが支配されたため（ノルマン・コンクェ

　[*10]ただし，ケネス一世はピクト人と伝わる．

　[*11]非常にややこしいが，14世紀以降のスコットランド王家がローランドに基盤を置いていたため，Scots とはデフォルトでローランド・スコッツ語を指すようになった．それまではハイランド・スコッツ語，つまり，スコットランド・ゲール語を指して Scots と呼ばれていたのである．

スト），逃亡してきたサクソンの王家のなかに，マーガレット (Margaret) が含まれていた．彼女は，当時スコットランド王であったマルコム三世 (Malcolm III) と結婚し，王妃となった．マーガレットは英語を使いつづけ，彼女に取り入りたいと思っていた臣下によって，宮廷では英語の力が強大になっていった．

マルコム三世は，父のダンカン一世 (Duncan I) が従兄弟のマクベス (Mac Bethad mac Findlaich)[*12] に殺されると，イングランドに亡命し，サクソン流の教育を受けていた．彼も英語が堪能だったのである．彼の子供たちにもイングランド風の教育と英語が伝えられ，宮廷では英語が有力な言語となっていった．マルコム三世はその後，スコットランドに戻り，1057 年のランファナンの戦いでマクベスを討ち取り，やがて，ルーラッハ (Lulach) の後に王位を継いで，スコットランド王になっていたのである．

また，バラ (burgh) と呼ばれる市場を中心とした自治都市[*13]が，マルコム三世の息子のデイヴィッド一世 (David I) によってたくさん作られた．このバラには，イングランドだけではなく，北欧やその他スカンディナビアやオランダなどから，たくさんの商人・職人などもやってきて栄えることとなった．そこで使用された言語が，主に英語で，たくさんの混種語として独自の発展をとげ，古スコッツ語となった．つまり，スコットランドのローランドにおいては，英語が優勢となっていくのである．

古スコッツ語を英語の変種とするのか，別の言語とするのかは見解のわかれるところだが，この時点ではまだ古英語と共通のルーツを持っていたと考えられる．しかし，その後は独自の発展をとげ，中英語，近代英語へと変わってきた英語とはずいぶんと異なる言語になって，現在に至っている．簡易的な説明が唐澤 (2016) で読めるが，標準英語とはずいぶんと違っていることがわかる．現在でも 10 万人以上の話者がおり，10 程度の方言にわかれているようである．

[*12]シェイクスピアの Macbeth で世界的にその名を知られることとなった．

[*13]字からわかるように Edinburgh もバラの一つであった．

3.1 イギリス英語　　　　　　　　　　　　　　　　　　　　　　175

図 3.6　エディンバラのオールド・タウン (Old Town). 非常に美しい街である.

　スコットランド国会では，英語だけでなく，スコッツ語を使用することもできる．国会のウエブサイトで両言語が掲載されているので，それを少し比較してみよう (Svartvik and Leech, 2016).

(1)　a.　Scots: **Walcome til the Scottish Pairlament wabsite**
　　　　The Scottish Pairlament is here for tae represent aw Scotland's folk. We want tae mak siccar that as mony folk as can is able tae find oot aboot whit the Scottish Pairlament dis and whit wey it warks. We hae producit information anent the Pairlament in a reenge o different leids tae help ye tae find oot mair.

　　b.　English: **Welcome to the Scottish Parliament website**
　　　　The Scottish Parliament is here to represent all Scotland's people. We want to make sure that as many people as possible are able to find out about what the Scottish Parliament does and in what way it works. We have produced information about the Parliament in a range of different languages to help you to find out more.

　ローランドでの英語化はずっと進んでいたが，ハイランドではゲール語が使用されつづけていた．しかしながら，イングランドとスコットランドとの

176　　　　　　　　　　　　　　　　　　　第 3 章　世界の中での英語

力関係もあり，徐々に英語が支配的になる．1746 年のカロデンの戦いに参
戦したジャコバイト軍に，多くのハイランドの人たちが加わっていたことも
あって，鎮圧後は強制的に英語による支配が行われていったようである (平
田, 2016)．こうして，スコットランド・ゲール語は衰退していくようにな
り，現在では 6 万人弱の人たちが使用している状態である．

　現在のスコットランドでは，スコッツ語，スコッツ語の影響が大きいス
コットランド英語，容認発音に近い英語，などが混在している状況である．

　スコットランドの英語は rhotic 方言である．しかし，アメリカ英語など
のそり舌 (retroflex) とは違い，ふるえ音 (trilled) や弾き音 (flapped)/たた
き音 (tapped) の/r/である (Svartvik and Leech, 2016)．[*14]　また，容認発
音では/w/と発音される which なども/hw/と発音されたり，北部イングラ
ンド方言と同じく，bath は [bæθ], laugh は [læf] と発音されたりする．ま
た，/t/の多くが声門破裂音に変わるのも特徴的である．

　綴り字にしたがって母音を発音する傾向にあり, cord を/kord/, go を/go/
と発音したりするため，二重母音が極端に少ない．さらに，短母音と長母
音を区別しないので，pull, coat, foot, boot などは短母音で発音する．そ
れに not の縮約を嫌うため，Aren't you coming?の代わりに Are you no
coming?という言い回しがあったり，nae という否定語があり，I cannae
(can't) help it や You dinnae (don't) have to go と言ったりする．二重法
助動詞 (double modal) も有名だ．たとえば，I might be able to go の代わ
りに，I might could go と言ったりする．ただ，二重法助動詞は，アメリカ
の南部などでも見られる現象ではある (Svartvik and Leech, 2016)．

　ゲール語からの借用語も多く, clan「一族」, slogan「スローガン」, whisky
「ウィスキー」などは，世界中の英語に広まったと言ってもいいだろう．ま
た，Yes を Aye と言うことがあり，Aye, aye, sir!「アイアイサー」は日本で
も聞いたことがあるのではないだろうか．

[*14]1.3.3., 1.3.4 参照.

3.1.5 ウェールズの英語

　古くからケルト人が，ブリテン島の西部に住み着いており，5 世紀にイングランドを支配したアングロサクソンからは，「異邦人 (wealas)」と呼ばれていた．それがウェールズ人，ウェールズ語の語源であったと考えられている．なお，ウェールズ語はブリトン諸語（P ケルト語）に分類され，コーンウォール語などと同系列である．同じケルト語でも，ゲール諸語（Q ケルト語）に属しているのが，スコットランド・ゲール語や，アイルランド・ゲール語である．[*15]

　11 世紀以降にはイングランド人が侵出してくる．13 世紀に，エドワード一世が長男に Prince of Wales という称号を与えたため，ウェールズは政治的独立性を失うことになる．これ以後，16 世紀にはウェールズ人の権利は認められたものの，英語だけが公的な言語とされた．教会以外ではウェールズ語の使用が禁止され，ウェールズ語が衰退し，英語が支配的な言語となった．じっさい，英語が使用できれば官職に就けるが，英語ができなければ就けないという実態もあり，英語ができれば富み，できなければ貧しいままという，階級の分断政策に英語が活用されたようだ．イングランドによる統治では，よく見られる政策である．

　教育の場でも英語が強制され，英語のあまり得意でない教師でも，英語で授業を行っていたようだ．また，学校でウェールズ語を話した生徒には，罰として「ウェールズ語禁止 (W.N., Welsh N)」と書かれた札をつけさせ，ときには鞭打ちなども行われていたようだ．[*16] 現在ではウェールズ語も公用語とされ，20 パーセント前後のウェールズ人がウェールズ語を使用できるようになっていると言われる．ただし，ウェールズ語の単一話者はいないようだ．2011 年時点で，ウェールズの人口は 3,063,456 人である．しかし，法

　[*15]印欧祖語の $[k^w]$, $[kw]$ が $[p]$ に変わったのが P ケルト語，印欧祖語の形に近いまま残っているのが Q ケルト語，という目安がある (亀井他, 1998).

　[*16]日本でも，沖縄で方言を話した生徒に方言札をつけさせられたことがあった．世界中に似た話はあるようだ．

178　　　　　　　　　　　　　　　　　　　　第 3 章　世界の中での英語

律上はウェールズ語と英語は同じ地位にあり，道路標識は両言語表記が基本
である．テレビではウェールズ語のチャンネルもある．

　イングランド人にとって，ウェールズの英語という漠然とした印象はある
ようだが，じつはかなりのヴァリエーションがある．non-rhotic 方言である
以外は，共通した特徴を見つけだすのはなかなか難しいようだ．言語的な
特徴としては，母音の/ʌ/と/ə/が弁別的に区別されない，母音に挟まれた
子音が長くなる (e.g. money /ˈmənːi/, butter /ˈbətːə/, 無声音の/l/や軟口
蓋摩擦音の/χ/がある，/z/がないといった特徴がある．また，付加疑問文
の付加部分に，主語にかかわらず –, isn't it?や –, yeah?が用いられたり，
ウェールズ語の影響を受けたのか，強調のために動詞が前置され，Running
on Friday, he is や Fed up I am という表現がありえたり，Duw 'God', del
'dear', nain 'grandma', taid 'grandpa' といったウェールズ語からの借用
語もある (Crystal, 2018)．他にも，強勢のある音節から強勢のない音節に
かけて，声が上昇したりするため，「歌を歌っている」ようなイントネーショ
ンで話すと言われることがある (Svartvik and Leech, 2016)．

基本語順

ウェールズ語の基本語順は VSO である．ウェールズ語だけではな
く，スコットランド・ゲール語，アイルランド・ゲール語など，ケル
ト語派は VSO 語順の言語だが，この語順の言語は珍しくはない．基
本語順を類型論的に調べた研究で有名なものに，Greenberg (1963)
があるが，いろいろな語族の言語 30 語を調べたところ，13 言語が
SVO，11 言語が SOV，6 言語が VSO の語順だった．また，VSO 言
語はすべて前置詞，SOV 言語はすべて後置詞，SVO 言語は 10 語が
前置詞，3 語が後置詞を使用しているということも知られている．ま
た，Tomlin (1986) の調査では，111 語が SOV，57 語が SVO，22 語
が VSO 言語で，VOS, OVS が少なめ，OSV はきわめてまれである
と報告されている．この種の基本語順と，接置詞 (adposition)，関係
詞などの文法要素が，どのようにかかわるのかという包括的な研究に

3.1 イギリス英語　　　　　　　　　　　　　　　　　　　　　　　179

> 関しては，Newmeyer (1998, 2005) を参照のこと．
>
> なお，基本語順を定めるのは，じつはそれほど簡単なことではない．
> 現代英語のように，語順で文法関係を決める言語であれば基本語順は
> はっきりしているが，たとえば，日本語のように語順が緩やかな言語
> だと，基本語順が SOV なのか，OSV なのかは，母語話者にもにわか
> には判断がつかない．じっさい，1980 年代までは，日本語の構造は平
> 板であり，動詞句 (VP) というまとまりがない non-configurational
> language であるという見解も広く受けいれられていた (Hale, 1983)．
> なお，かきまぜ 操作によって基本語順が見えにくくなっているが，日
> 本語の基本語順は SOV であり，また VP という構造があることを，
> 階層性という観点から議論した論文に Saito (1985) がある．

3.1.6　アイルランドの英語

連合王国 (The United Kingdom, UK, U.K.) に参加しているのは，北ア
イルランドである．1949 年に独立したアイルランド共和国は，連合王国に
は加盟していない．アイルランド共和国は，独立前から北アイルランドも自
国であると主張しつづけ，連合王国と対立を繰り返してきたが，1998 年の
ベルファスト合意により，領有権を放棄した．[17]

現在のケルト系アイルランド人のルーツは，紀元前 3 世紀に大陸から渡
来してきたと考えられている．紀元後 5 世紀には，聖パトリック (Saint
Patrick)[18]たちがキリスト教を伝え高度な文化が広まるきっかけとなった．

---

[17]とくに北アイルランドで起こってきた紛争問題はすべて，The Troubles と呼ばれてお
り，1972 年に立て続けに起こった血の日曜日事件 (Bloody Sunday) と，血の金曜日事件
(Bloody Friday) は有名だ．現在では大規模な死傷者が出なくはなったが，2013 年にはベル
ファスト市庁舎においてイギリス国旗の掲揚が議会で中止され，それに伴い，放火などの暴動
事件も起こっている．

[18]なお，3 月 17 日が命日であり，この日は St Patrick's Day として，アイルランドでは
祝日になっている．イングランドでも，この日はアイルランド系のお祭りという雰囲気になる．
アイルランド生まれのスタウト (stout) であるギネスビールが，特別価格でパブなどに出回り，

1541 年にイングランド王のヘンリ八世 (Henry VIII) がアイルランド王を名乗るようになり，これをきっかけに，イングランドからの入植者が増えた．このため，当時彼らが使っていた，初期近代英語の特徴のいくつかが，アイルランドの英語に残っていると言われている．また，北アイルランドにはスコットランドからの入植者が多数いたことから，北アイルランドとスコットランドの英語には共通点が多いと考えられている．

1642 年から 1649 年にかけて起こった清教徒革命 (Puritan Revolution) の後，オリバー・クロムウェル (Oliver Cromwell) が率いたイングランド議会軍により，アイルランドが実質的に侵略・植民地化されることになった (1639-1653 年，三大王国戦争)．その結果，多数のイングランド人が入植してくることになった．クロムウェルは 12,000 の兵を率いて，ドロヘダで 4,000 人，ウェックスフォードで 2,000 千人の住民を虐殺したと言われている (平田, 2016)．次いで，1800 年に成立した合邦法 (Acts of Union) により，正式にアイルランドがイギリスと合併した．連合王国 (United Kingdom of Great Britain and Ireland) になり，アイルランドでも英語が使用されることが多くなった．実態としては，イングランドの植民地であったからである．さらに，1840 年代後半のジャガイモ飢饉によって，アメリカやオーストラリアへの移住者が激増したり，赤痢・チフスといった伝染病の流行によって人口が半減し，アイルランド・ゲール語話者も激減し，主要な言語が英語になった．

現在では義務教育で，国語として，アイルランド・ゲール語が義務教育で必修化され，公共の施設でも英語と併記されている他，EU の公用語の一つとなっている．しかしながら，主要な言語は英語，という実態はあまり変わらないようだ．じつのところ，アイルランド語を身につけている人たちの数は減っているようで，この種の言語意識については，嶋田 (2016) がアイルランドの中の人の視点から，非常に興味深い考察を行っている．また，平田

アイルランドの国旗が入った簡易の帽子が配布されたりする．アメリカでは，アイルランドの移民が多いシカゴ川が緑色に染められたり，野球の Major League では，特製の緑色のユニフォームや帽子を，選手が身につけたりする風景が見られる．

3.1 イギリス英語　　　　　　　　　　　　　　　　　　　　**181**

(2016) では，客観的にかつ簡潔な考察が行われている．

　アイルランドの英語には，アイルランド・ゲール語からの借用語が使用されていたり (e.g. amadán「馬鹿な」, ráiméis「他愛のない話」(嶋田, 2016))，イングランドの英語ではもう使用されていない，古英語由来の語彙が残っていたり (e.g. cog「カンニングする，カンニングペーパー」(ibid.)) する．また，I'm after my tea.「食事をすませたばかりなんです」という言い回しもある (ibid.)．after 〜「〜を求める」という言い回しがイングランドの英語にあるので，混乱しやすい．アイルランド英語の after は，完了相を表していることにも注意したい．過去形で They were after leaving と言うこともあり，They had just left が意図されている．

　アイルランド英語では，進行形を多用することも知られており，Who is this car belonging to?といった表現が許される．規範的には belong は状態動詞なので，一時的な状態を意図しているわけでもなければ，こういう言い方はしない．また，used to be の代わりに used be, aren't の代わりに amn't といった形が使用されたりもする．他にも ·een という接尾辞が指小辞 (diminutive)[19] としてあり，childreen のような言い回しがあったりもする．ゲール語由来の単語も多く，またアイルランド・ゲール語の影響を受けた語順の英語もたくさん見受けられたりする．

　また，rhotic 方言であり，アメリカ英語と同じくそり舌発音のため，/r/ がかかわる単語の発音は，アメリカ英語に似ていると言われている．

　そして，北アイルランドの英語は，アイルランド共和国の英語とは異なっているとされており，ローランド・スコッツ語やスコットランド南西部の英語の影響が大きく，Ulster Scots や Ullans と呼ばれている．その言語的特徴は多岐にわたるが，[20] いちばん有名なところでは，語尾が上がるような発音のため，平叙文であっても疑問文のように聞こえる，という話がある．

---

　[19]名詞や形容詞などにつく接尾辞で，小さくてかわいらしいものを表現する．
　[20]Henry (1995) などを参照のこと．

3.2 アメリカ英語

2016 年に，元アメリカ大統領のビル・クリントン (Bill Clinton) が，イギリス労働党党首のジェレミー・コービン (Jeremy Corbyn) を the maddest person in the room と発言したことが話題になった．アメリカ英語では mad を「怒った」という程度の意味で使用しているのだが，イギリス英語では「頭のおかしい」という意味で使用する．クリントンとしては，「怒らせてしまった」程度の気持ちだったわけだが，コービンには最大限の侮辱のように聞こえてしまったのである．お互いに英語が話せるという期待があってこその誤解だが，なぜこれほど，イギリスとアメリカで異なる英語が使用されるようになったのだろうか．この節では，アメリカ英語の歴史と特徴について概観していくことにしよう．

3.2.1 英語が北米大陸へ

クリストファー・コロンブス (Christopher Clumbus) が 1492 年にバハマ諸島に到着し，アメリカ大陸を「発見」して以来，ヨーロッパでも広くアメリカの存在が知られるようになった．

スペインがフロリダを植民地化し，フランスはミシシッピ川流域，オランダはハドソン川流域を植民地化した．ハドソン川流域は New Netherland と呼ばれていたが，ここは現在では New York に当たる場所である．

イギリスが北米に進出するのは，これより遅れて 1584 年，ウォルター・ローリー (Walter Ralegh) が東海岸沿岸部に入植者を送ったことによる．しかしながら，食糧不足や病気の流行，先住民との戦いなどから植民は成功せず，引きあげる羽目になる．彼らが進出した地域は，エリザベス一世 (Elizabeth I) による提案によりヴァージニア (Virginia) という名前が付けられ，それが現在の州の名前となっている．エリザベス一世 (Elizabeth I) は生涯未婚であり，子供もいなかったことから Virgin Queen と呼ばれることがあるが，ヴァージニアは彼女のニックネームに由来している．なお，

3.2 アメリカ英語 183

ローリーとは恋人関係にあったことも知られている.

　最初に植民に成功したのは，1607 年のことである．これはイギリスの植民地建設会社が，国王ジェイムズ一世 (James I) から勅許 (charter) を得て進めた計画であった．ヴァージニア州に建設した町の名前は，王にちなんでジェイムズタウン (Jamestown) と名付けられた．そして，次にやってきたのが，1620 年に宗教上の迫害を逃れるためにメイフラワー号で渡米した，清教徒のピルグリム・ファーザーズ (Pilgrim Fathers) の 102 名である．彼らは，現在のプリマス (Plymouth) に上陸した．その後，1630 年にジョン・ウィンスロップ (John Winthrop) 率いる清教徒の一団がマサチューセッツ湾から上陸し，ボストンを中心とする地域を切り開いて町を作り，聖書に基づく神政政治を行った.

　1607 年に植民した人々は，主にイングランド西部の出身だった．その後の清教徒たちは，イースト・アングリアの出身であった．17 世紀後半からは，イングランド中部および北部のクェーカー教徒たちが，ペンシルヴェニアに移住した．さらに，18 世紀に入り，アイルランド北部に移住したプロテスタントのスコッツ・アイリッシュ (Scots-Irish) と呼ばれる人たちが移ってきた．そして，1845 年から 3 年続いたジャガイモ飢饉のため，150 万人以上の移民がアイルランドから入植した．移民史は，こんなところである.

　アメリカの成立経緯についても復習しておこう．18 世紀前半にかけて，イギリス植民地 13 州が繁栄するにつれて，重税などを課すイギリス本国に対する反発が強まってきた．そして，1773 年 12 月 16 日に，ボストンで植民地の急進派が貨物輸送船に侵入し，イギリス東インド会社の紅茶箱を海に投棄したボストン茶会事件 (Boston Tea Party) が起こった．1775 年に独立戦争が始まり，1776 年 7 月 4 日にアメリカ独立宣言 (The United States Declaration of Independence)，1781 年のヨークタウンの戦いでアメリカ軍が勝利し，独立国家となるというのが，大まかなアメリカの歴史である.

3.2.2 初期のアメリカ英語

アメリカへの植民が始まった 1607 年あたりは，シェイクスピアが存命であり，初期近代英語がそのままアメリカ大陸へと持ち込まれた．そのため，現代のアメリカでは，初期近代英語のころの英語の特徴を受け継いでいるところがあり，ある意味，英語の保守的な側面がアメリカ英語では観察される．アメリカ英語は「革新的」という噂も，しょせん神話 (myth) の類いである．

either や neither の長母音/iː/は，イギリスでは初期近代英語の時期に二重母音化して/ai/へと変化したが，アメリカでは当時の発音を保っている．また，trap-bath split による影響がないため，fast や bath は中南部イギリス英語ではそれぞれ/fɑːst/，/bɑːθ/と発音されるのが，アメリカ英語では/fæst/，/bæθ/という発音であり，初期近代英語の発音がそのまま残っている（既に述べたが，北部イングランド英語にも影響がなかったため，アメリカ英語と同じ発音となる）．

形態上は，get の過去分詞として昔ながらの gotten を使用しつづけているのがアメリカ英語だが，イギリスでは got が優勢になっている．

文法上では He insisted that she leave. などにおける接続法・仮定法（現在）の使用が，アメリカ英語にはそのまま残っている．現代のイギリス英語では should leave を使用するのが普通だ．詳しい話は 2.6 を参照してほしい．

意味上は，I think の意味で I guess という言い方が残っている．現代のイギリス英語では guess は「言い当てる」の意味が基本だ．イギリスでは「考える」という意味で reckon もよく使う．また，この章の最初で話題にした mad「米語：怒っている，英語：気が狂っている」の差や，sick「米語：病気だ，英語：むかつく（なお，病気のときは ill)」などの単語の意味の差があるが，変わったのはイギリス英語のほうであり，アメリカ英語では，初期

3.2 アメリカ英語

185

近代英語の原義を保っている.

初期のアメリカ英語で特徴的なのが, corn という単語だ. アメリカに渡った人たちは小麦の栽培に失敗したが, ネイティブ・アメリカンに習ったトウモロコシが主食となり, なんとか生き延びることができた. このトウモロコシはアメリカで corn と呼ばれ, 現在もこの意味が残っている. しかし, イギリス英語では, 今でも小麦やライ麦の意味で使用することがある. なお, イギリス英語でトウモロコシを指す場合, maize という単語を使用することがある.

また, この時期にネイティブ・アメリカンの言語から, 英語に入ってきた借用語もある. 現地の動物や武器, また, 地名などが主なものである.

(2)   a. hickory「ヒッコリー（クルミ科の落葉高木）」, powwow「パウワウ（祈祷）」, raccoon「アライグマ」, skunk「スカンク」, tepee「ティピー（テント小屋）」, tomahawk「戦斧」, totem「トーテム」

       b. Arizona「アリゾナ（小さな泉の地）」, Connecticut「コネティカット（干満のある長い川）」, Massachusetts「マサチューセッツ（大きな丘）」, Mississippi「ミシシッピ（大きな川）」, Ohio「オハイオ（美しい川）」, Texas「テキサス（仲間, 味方）」

3.2.3　アメリカにおける rhotic 方言

図 3.7　アメリカの rhotic 方言地域と non-rhotic 地域

3.2 でイギリス英語における，rhotic 方言についていくつか紹介した．たしかにアメリカの大部分は rhotic 方言なのだが，必ずしも全土においてそうだというわけではない．図 3.7 にある通り，non-rhotic 方言の地域が，ニューイングランド東部，NY 近辺，南部からメキシコ湾岸にかけて存在する (Trudgill, 2001; 堀田, 2016; Crystal, 2018)．

これに関しては，先ほどの歴史的な知識も駆使して考えてみよう．1607 年にジェイムズタウンに植民を始めた人たちの出身は，Somerset や Gloucestershire といったイングランドの西部出身者が多かったようだ．rhotic 発音であり，/s/ が有声音化して Zummerzet と発音されることもあった (Crystal, 2018)．リーダーであったウォルター・ローリーもデヴォン州というイングランド南西部の出身であり，rhotic 発音であったと予想される．こう考

3.2 アメリカ英語

えれば，ジェイムズタウンに植民を始めた最初の人たちの英語は変化していったと考えるべきなのだろう．

1620年にプリマスに着いたピルグリム・ファーザーズには，Lincolnshire, Nottinghamshire, Essex, Kent, London といったイングランド東部の出身者が多かったようだ．メイフラワー号の船長であったクリストファー・ジョーンズ (Christopher Jones) も Essex の出身であり，これらの地域は non-rhotic 方言であった．/r/を発音しない話者の方が多かったとみるべきだろう．そういうわけで，ニューイングランドには non-rhotic 発音の英語が定着し，現在に至っていると考えられる．なお，ブリテン島における rhoticity は図 3.8 に示す通りであるが，現在では容認発音など影響力のある地域の英語が non-rhotic 方言であるため，イングランドの南西部でも non-rhotic の話者が増えてきているようだ．

図 3.8 イギリスの rhotic 方言地域と non-rhotic 地域

17世紀後半からとくに多かった植民者は，スコットランド，アイルランドといった地域の人たちであった．この地域は rhotic 方言であったため，現在のアメリカにおける主要な方言である中部方言 (Midland dialect) の原形となり，rhotic 発音がその特徴として捉えられるようになる．

ニューヨークにおける rhotic 発音に関しては，社会言語学という分野ではとても有名なので，触れておこう．Labov (1966) は，ニューヨークで人によって/r/を発音したり，発音しなかったりする事実が，社会階層を反映しているのではないかと考えた．つまり，社会階層が上の人たちほど/r/を発音する傾向があり，下の人たちほど発音しないと考えたわけである．

読者の皆さんは，調査をする時にはどうするだろうか．単刀直入に，階級がわかっている人たちにインタビューして，あなたは「car や card を発音する時に/r/を入れますか」と聞くだろうか，もしくは「car や card をどうやって発音しますか」と実践してもらうだろうか．

じつは，こういう調査には問題がある．というのも，自分が調査されているとわかってしまうと，人は日ごろとは違う発音をしてしまいかねないからだ．また，自分がしていると思っている発音が，事実を反映しているわけでもない．日本語の例になるが，「計算」と「東京」はどうやって発音しますか？ と聞かれれば，「けいさん」と「とうきょう」という二重母音で答えてしまう人たちは多いのではないだろうか．アンケートの回答が記述式ならなおさらだろう．しかし，大半の日本人は，日常の会話では「けーさん」と「とーきょー」と長母音で発音していることが多いのが実情である．

というわけで，使用言語の調査としては，被験者に自分が実験されている，ないしはある特定のデータが調べられている，ということを意識されてはいけないわけである．また，できるだけ日常生活の自然な発話データが取れるのが望ましい．このために，Labov はちょっとしたトリックを利用した．

この調査のため，高級百貨店の Saks Fifth Avenue，中流階級向けの Macy's，中流以下で，労働者階級向けの Klein's というデパートで調査した．どこの百貨店でも，1 階は客で混み合っているのだが，最上階に行くほど客も少なく，高級感のあるフロアになっている．

Labov はまず，1 階の販売員に 4 階で売っていることがわかっている商品

名をあげて，販売員に尋ねた．これにより，確実に fourth floor という解答を導き出すことができる．[*21] しかも，聞かれた側は自分が発音の調査をされているとは夢にも思わない，という寸法である．Labov はさらに聞き返すことによって，丁寧な発音も確認することができた．おおよそ，以下のような会話を実現することになるわけである．

(3) i. A: Where can I find the lamps?

ii. B: Fourth floor.

iii. A: Excuse me?

iv. B: Fourth floor

Labov はさらに，4 階に上がったさいに，販売員に「ここは何階ですか」と尋ね，/r/ の発音を調査したのである．このようにデータを集め，分析したところ，以下のようなことがわかった．

(4) 結果

a. 高級百貨店ほど，/r/ を発音する割合が高い．

b. 高層階であるほど，/r/ を発音する割合が高い．

c. 聞き返されたときほど，/r/ を発音する割合が（Klein's でも）高い．

20 世紀半ばのニューヨークでは，rhotic か non-rhotic か，そのどちらの話者もいたわけだが，規範的には rhotic が好ましいという意識は働いていたようだ，ということがわかる．また，社会階層による方言差がわかったということもあって，ウィリアム・ラボフはこれらの調査を通して，社会言語学という一分野を確立するきっかけを作ることになったわけである．

3.2.4 アメリカ英語における規範

1776 年 7 月 4 日のアメリカ独立宣言以降，アメリカ人にも国民的感情というものが芽生え，自分たちの言語に対する意識が高まってきた．こうい

[*21]アメリカ英語で 4 階は forth floor と言うのは既出だ．

う時勢のなかで，ノア・ウェブスター (Noah Webster) が 1783 年から 3 年ほどかけて，綴り字・文法などを記述した A Grammatical Institute of the English Language を出版した．それからしばらく経った 1828 年，ウェブスターは An American Dictionary of the English Language を出版し，アメリカ英語の綴りや語法・音声に一定の権威が与えられるようになった．それまで辞書の権威といえば，サミュエル・ジョンソンの辞書であったが，この辞書はジョンソンの辞書の収録語数を遙かに超える 7 万語を収録している．これによって，現代のアメリカ英語の綴りが定着したわけだが，代表的な語としては，表 3.4 のようなものがある．

Johnson	Webster
axe	ax
cheque	check
labour	labor
theatre	theater
travelled	traveled

表 3.4　ジョンソンとウェブスターの綴りの違い

他にも，cloak の代わりに cloke, tongue の代わりに tung といった綴りを記載していたが，一般的には定着しなかった単語もいくつかある．その後も，アメリカでは綴り字協会などがてきき，音声に合った新しい綴り字を提案することが幾度となくあったが，けっきょくは広い同意を得られることなく，現代に至っている．

3.2.5　黒人英語

1600 年代の初めに建設されたヴァージニアのジェイムズタウンに，黒人奴隷が輸入されてきた．イギリスの植民地では，最初は貧しい白人を年季奉公という形で雇っていたが，そのうち黒人奴隷のほうを重視していくようになる．

3.2 アメリカ英語

イギリス本国とアフリカ，アメリカと西インド諸島を結ぶ三角貿易の一環において，黒人奴隷はアフリカとアメリカを結ぶ主要な「商品」として扱われるようになった．とくに 18 世紀からは，アメリカ南部における綿花プランテーションにおいて，欠くことのできない労働力となっていった．

黒人たちは異なる出身地から連れてこられ，また，アメリカでは出身地の異なる雇い主がさまざまな英語を話していたことから，意思疎通を図るための共通語として，ピジン英語を習得し，それがクレオールとして発達し，黒人英語 (Afrian American Vernacular English, AAVE) として浸透していったものと考えられている．

ピジンとクレオール

ピジン (pidgin) とは，異言語の話者同士で意思疎通のために使用される即席の接触言語のことである．ピジン英語とは，英語の単語を利用して独自の発展をとげた未成熟な言語のようなものだ．

ピジンは話者の母語文法の影響がかなり強く反映され，語形変化が単純化されたり，語順が変わったり，機能語があまり活用されないなどの特徴があり，自然言語と呼ぶには不完全なレベルのものである．

しかしながら，ピジンを聞いて育った二世以降は，ピジンをインプットにして，クレオール (creole) と呼ばれる言語を身につけていく．ピジンが文法的に不完全で，複雑な意味のやりとりができないのに対して，クレオールは自然言語と呼ぶにふさわしい規則体系を持ち，独自の文法体系を持つようになる．

ピジンとクレオールに関する分析は Bickerton (1988, 1990) の研究を参照してほしい．クレオールの出現を指して，バイオプログラムという非常に興味深い仮説が提唱されている．

1776 年のアメリカ独立宣言においては,「すべての人は平等に作られている」と述べられているが,この「人」の中に黒人奴隷は含まれていなかった.それどころか,初代大統領のジョージ・ワシントン (George Washington) も,黒人奴隷を所有する農園主であったのである.

紆余曲折を経て,アメリカは共和党のエイブラハム・リンカン (Abraham Lincoln) が大統領に当選し,綿花プランテーションを経済基盤とする南部地方がアメリカ連合国 (Confederate States of America) を作り,合衆国から分離しようとした.この分離を防ぐべく立ちあがった北部アメリカは,アメリカ連合国と南北戦争 (American Civil War) に突入するのである.そして,戦争の最中,1863 年 1 月に北部のリンカン大統領が奴隷解放宣言を行い,国際世論の支持を集め,この戦争に勝利する.

奴隷解放宣言にはさまざまな目的があっただろうが,南部の経済基盤を揺るがす効果も狙っていただろう.そして,黒人は自由と権利が認められたが,経済基盤がなく,学力をつける機会もなかった彼らが,本当の自由を獲得したとは言いがたい.1960 年代の公民権運動などの結果,現在では待遇がかなりましになったとはいえ,21 世紀になっても黒人差別がなくなったとは,お世辞にも言いがたい状況である.

こういう歴史的経緯があって登場した黒人英語だが,「文法がない」,「劣った」言語であるという偏見には,注意してほしい.社会階層と教育水準に相関関係がみられるせいか,未だに黒人英語は「文法が未成熟」という神話が存在するが,言語学的にそういう事実はない.たんに黒人英語は標準アメリカ英語と「違う」というだけのことである.そこに優劣はない.

この種の優劣が指摘される背景の一つとして,有名なイギリスの社会学者バジル・バーンスタイン (Basil Bernstein) の制限コード (restricted code) と精密コード (elaborated code) の区別があると考えられる.この二つは,対立する言語使用形態のことだ.制限コードは,日常的な語彙で,かつ文脈依存的,具体的で描写的という特徴がある.精密コードは,豊富な語彙と洗練された文法,分析的で抽象的な表現ができる,という特徴がある.

3.2 アメリカ英語 **193**

　この対立コードが提唱されたきっかけとしては，学校における社会階級の差と，そこにおけるコミュニケーション不全があった．バーンスタインによれば，労働者階級は制限コードしか利用できず，中流階級以上の人たちは両コードが使用できる．精密コードが利用できなければ，教師とのコミュニケーションに支障を来し，学力・知性が劣る，ということである．この見解にしたがえば，精密コードが利用できない人たちは，社会的に不利益を被ることになるので，学校では精密コードが利用できるように「教育」しなければならないということになる．この考え方はヨーロッパに留まらず，アメリカの教育制度でも広く採用されるきっかけとなった．

　バーンスタインのコード理論がアメリカに広まると，黒人の言葉は制限コードのみである，という考え方がすぐに広まった．黒人が They mine や Me got juice といった話し方をするのは，単語の並べ方を知らないのであり，うまく言葉で表現できないからジェスチャーを用いるのであり，疑問文すら上手に形成できない，と考えられた．つまり，黒人の英語はたんなる感情の表出以上のものではなく，言語未満のものであると思われていたのである．黒人英語は，文化と言葉を奪われた者たちに使用されている，非標準的な英語であるというのが，当時の支配的な考え方であった (Labov, 1970).

　この見解に異議を唱えたのが，3.2.3 で登場したウィリアム・ラボフ (William Labov) である (Labov, 1972a,b). 彼はコロンビア大学で博士号を取得し，その後，コロンビア大学やペンシルバニア大学で研究を続けた．

　コロンビア大学は，マンハッタンの北西部モーニングサイド・ハイツ (Morningside Heights) にある．正門は 116 Street Broadway にあり，マンハッタンの華やかな中心地にほど近い．また，少し北に行けば，黒人文化の中心地であるハーレム (Harlem)[*22] がある．いっぽうで白人が中心となっている華やかな都市生活があり，いっぽうで社会的に抑圧を受けている黒人

[*22]日本語で「ハーレム」といえば，一人の男性に複数の女性が取り巻くような状況のことをいうが，そちらの語の起源はトルコ語の harem であり，「後宮」の意味がある．r と l の発音の区別があるので注意したい．

194   第 3 章　世界の中での英語

たちの生活がある，ちょうど境目のコロンビア大学にいたラボフは，きっと
社会階層について敏感にならざるを得なかったのだろう．そこでは，流暢に
話をし，論理的に考え，精密コードを使いこなしているように見える黒人が
たくさんいた，と考えるのは難しくない．ラボフの主要な研究成果は，公民
権運動がさかんになった後に，たくさん出版されている．

　それでは，黒人英語の特徴について少し考えてみよう．以下に示すよう
に，黒人英語では be 動詞が省略されることがある．bees は be 動詞の屈
折形の一つである．そして，対立コードを念頭に置いた教育制度において
は，黒人の英語は制限コードに基づいた，文法的に不完全で，劣っていて，
修正すべきものなので，文法的には許容されない動詞省略が起こる，と考え
られていたのである．

(5)　a.　The coffee bees cold.

　　　b.　The coffee cold.

　しかしながら，いろいろな現象を見ていくと，be 動詞の省略は，黒人英
語が未熟な言語だからではないことがわかる．以下の例を見て，気づくこと
はないだろうか．

(6)　a.　They be slow all the time.

　　　b.　She be late every day.

　　　c.　I see her when I bees on my way to school.

(7)　a.　He sick today.

　　　b.　This my mother.

　(6) の例は，恒常的な，しばらくそういう状態が続いているという状況で
ある．この場合，be 動詞はきちんと表現される．いっぽうで (7) のように，
いつもずっとそうではないが「今日は体調が悪い」だとか，現在目の当たり
にしている this で示されている人を指して「母です」という場合には，be
動詞が省略される．現在の一時的な状況と恒常的な状況を，be 動詞の有無
で区別するという一定の規則が，ここではみてとれる．そう考えれば，(5)
の例では「いつも冷たい (5a)」のか，「今は冷たい (5b)」のかという，恒常

3.2 アメリカ英語

性と一次性を，be 動詞の有無で区別していることもわかる．

他の例も見てみよう．たとえば (8) は，標準英語では二重否定で，肯定の意味で解釈される．n't と no という否定語が二つで，「− × −」で「+」と解釈されるのが規範である．しかし，黒人英語では，(8) は否定文として解釈される．つまり，no を any に置き換えた解釈になるのだ．

(8)　　He didn't give me no food.

この例も，黒人の英語が規則にしたがっていない，つまり劣った，文法のない言語であるとされる根拠と考えられてきた．しかし，否定語を二つ以上使用して，全体としては否定文（つまり，否定語のすべてを文一つで一つと解釈する）として解釈する現象は，否定一致 (negative concord) という現象として知られており，ロマンス語系の言語では広く観察される．また，英語でも否定一致が観察されることがある．[*23] さらに，英語でも方言によっては (7) を否定一致，つまり否定文で解釈する方言がいくつかある．(7) の現象はきちんとした，人間言語としてあり得る規則にしたがっているのであり，それがたまたま標準英語の規範にしたがっていないに過ぎない．つまるところ，黒人英語を支える文法規則は，標準アメリカ英語とは「違う」，というだけのことであって，「劣った，誤った」言語ではないということだ．

現代言語学では「常識」と考えられているこの見解を，ラボフは非常に説得的な形で紹介している．そして，黒人の子供たちが「言語が奪われた」という見解は，教育心理学が犯している神話であるとして，厳しく批判している．ラボフは，黒人も十分に有能な話し手であって，人によっては議論やディベートも，中流階級の人たち以上に上手であるし，黒人の子供たちが言語的被害者であるという見解は，単純に誤りであると指摘している．

黒人たちは正しい言語が使えないから矯正すべきである，という見解は誤りであり，教育はすべての児童・生徒に平等な機会を与えられるようにすべ

[*23] シェイクスピアの英語でも，この種の現象が見られていたということにも注意しておこう．2.4.1 を参照のこと．また，現代英語の否定一致については，3.5 を参照．

きである，というのが，言語学の観点から見た教育への提言であった．

　ラボフが言うように，黒人英語も標準アメリカ英語もどちらも言語としては申し分のない体系的なシステムである．その核は，文法という規則に支えられ，いくつかの例外的表現が存在する，普通の人間言語の表出形の一つにすぎない．容認発音ですら不変ではなく，言語とはそういうものである．文法のない自然言語など，ありえないのだ．また，言語学的に「美しい」，「正しい」言語というものも存在しないということには注意したい．ある観点からみれば，ある言語のほうが別の言語よりも規則的で美しく見える，ということはあるだろう．しかしながら，別の観点から見れば，その規則性は逆転することがありうる．システムの体系としては，規則のトレードオフのようなものがあり，全体から見ればバランスが取れているというのが，自然言語の特徴なのである．

　言語学的真理としては，すべての言語は美しく，そして洗練されていて，それなりに例外事項や不均衡があり，イディオム表現などが豊富である．それがすべてだ．世の中には，ある言語が優れていて，ある言語が美しいという，ある種の神話が広く信じられているが，その神話を支えている根本は，あくまで政治的なもの・主観的なものであるということには，注意が必要である．

AAVE の特徴

2018 年に U.S.A. で，ISSA 以外は新しいメンバーで再ブレイクした DA PUMP の DA は，黒人英語で定冠詞の the のことであるのは有名だ．他にも，黒人英語では語頭の /ð/ が /d/ で発音され，that day が 'dat day'，this house が 'dis house' といった発音になることが知られている．また，アメリカ南部方言と同じく，non-rhotic 発音であり，car が 'ca'，party が 'pahty' といったような発音になる．発音に関しては，他にも以下のような特徴がある (McArthur and Fontaine, 2018).

3.2 アメリカ英語 197

- 語末の子音クラスタで唇音がある場合, /l/が発音されなくなる. したがって, help が 'hep', self が 'sef' といった発音になる. また, We're coming から/r/が抜け, 'We coming', We'll be here から/l/が抜け, 'We be here' といった発音になる.
- ·ng において, /ŋ/が/n/に変わる. したがって, coming が comin, running が runnin といった発音になる.
- 語末の子音が省略される傾向にあり, desk が 'des', test が 'tes', cold が 'col' といった発音になる.
- 過去形の接尾辞が抜け, looked が 'look', talked が 'talk' と発音されたりする.
- 語末の/f/が/θ/に変わり, booth が 'boof', south が 'souf' といった発音になる.
- 二音節の単語で強勢が変わり, políce の代わりに pólice, defíne の代わりに défine と発音されたりする.

文法としては多重否定の他に, 以下のような特徴もある (ibid.).

- 存在文の there の代わりに it が使用され, There is no food here の代わりに It ain't no food here が使われる.
- 複数, 所有格, 三単現の ·s がよく省略される.
- 倒置が起きず, What it is?, How you are?といった用例がある.
- be 動詞の否定文でも do が使用され, It isn't always her fault の代わりに It don't all be her fault といった用例がある.
- 強勢のある been が過去から長い間続いたイベントを表すのに使用され, She has had that hat for some time の代わりに She been had dat hat といった用例がある.
- 未来のことを表すのに, I'm going to の代わりに I'mma が使用され, I'm going to get myself a power drink and a snack and I'll be back の代わりに I'mma get myself a power drink and a snack, and I'll be right back と言われる.
- come が助動詞っぽくなり, He come telling me some story

のような用例がある.

- like が助動詞として 'almost' の意味で使用される. そのため, 'I almost died' の意味で, I like to die(d) という用例がある.

語彙としては, goober 'peanut', yam 'sweet potato', tote 'to carry', buckra 'white man' などがあるが, これは西アフリカで使用されていたものだ. また, 本節で紹介した慣習の be もこの地方にある言い回しが流用されたものと考えられる (ibid.).

スラングについても紹介しておこう. マイケル・ジャクソン (Michael Jackson) の歌で有名になったが, bad を 'good' の意味で使用することがある (e.g. Hey, that's a bad car, man!). また, cool が 'very good' の意味で使用されるようになったのも, 黒人英語の言い回しが世界中に広まったものだ. そういうわけで, 黒人英語は黒人文化と共に浸透してきた, 生き生きとした英語の変種であるということは明らかだろう.

3.2 アメリカ英語

図 3.9　ゴールドラッシュで人が押し寄せてから，この 150 年ですっかり大きくなったサンフランシスコ (San Francisco)．Bay Area と呼ばれ，ハイテク産業の集積地として，強い経済力のある地域として知られている．

3.2.6　変わっていくアメリカ英語

　以上，概観したように，アメリカ英語はイギリス英語の昔の状態を保っているところもあり，保守的な側面も持つ英語である．しかし，言語とはつねに変化していくものだ．ある用法が正しいと考えるのは，基本的に政治的・教育的な理由がすべてであって，規範文法書がいくら洗練されたところで，現実の言語変化を止めることはできないのである．

　because 節が副詞節だけではなく，名詞節を導くことができるようになってきたり，現在完了形が少なくなって，単純過去形ですませるようになってきたり，help が原型不定詞を後ろに取ったり，begin が to 不定詞ではなく，動名詞を目的語に取るようになってきたり，be 動詞の否定文は活用を無視してすべて ain't になってきているのは，決して言語が乱れているわけではなく，たんに自然になるべくしてなっているのである．すでに，イギリス英語とアメリカ英語はかなり違う言語になりつつあるが，物理的な距離を考えれば，今後もその距離がはなれていく可能性はあるのだろう．いっぽうで，

メディアの発達により，イギリスでアメリカ，アメリカでイギリスの英語を聞く機会が増えていけば，両者の隔離は，思った以上に少ないまま保っていけるということもあるのかもしれない．しかし，少なくとも，言語的な優劣に関して，言語学的には何も言えないということだけは，肝に銘じておきたい．

3.3 カナダ英語

カナダ英語は，アメリカ英語と，発音の面では非常に似通っている．現在では，カナダの人口は 3,600 万人ほどだが，言葉の面でそれほど変異も見当たらない，と言われている．[24] じっさい，イギリス人の多くは，カナダ人の英語とアメリカ人の英語の区別がなかなかできないようだ．

綴りに関しては，アメリカ英語と同じであることが多いが（e.g. アメリカ・カナダ realize，イギリス realise，アメリカ・カナダ tire，イギリス tyre），イギリス英語と同じものもある（e.g. イギリス・カナダ cheque，アメリカ check，イギリス・カナダ colour，アメリカ color，イギリス・カナダ centre，アメリカ center）．また，言語ではなく単位の問題だが，メートル法と摂氏を利用しているので，表し方がイギリスと同じになる．アメリカではマイル表示と華氏を使用しているので，これも言語的な違いと言えば違いになる．

---

[24] もちろん，多少の地域差はある．詳細は Crystal (2018) 参照のこと．

3.3 カナダ英語　　　　　　　　　　　　　　　　　　　　　　　　201

図 3.10　今ではカナダで唯一のメジャーリーグ，トロント・ブルージェイズの本拠地，Rogers Centre から見た CN tower. 川崎宗則選手が大人気だった．なお，2015 年のこの年はアメリカンリーグ東地区 1 位でプレーオフ進出，ディヴィジョンシリーズでテキサス・レンジャーズに勝ったものの，リーグ優勝決定戦でカンザスシティ・ロイヤルズに負けてしまった．

図 3.11　カナダの大都市トロントの街並み．オンタリオ湖 (Lake Ontario) の上から撮影．

次に，カナダ発祥の語彙は，カナダ英語独特のものといえるのかもしれない．もともとは，ネイティブ・カナダ人が使用していた語彙だが，caribou「カリブー（トナカイ）」，chesterfield「ソファ」，kayak「カヤック」，kerosene「灯油」，mukluk「マクラク（イヌイットの靴）」，parka「パーカ」，reeve「議長，市長」，skookum「強い」といった単語は，世界中の英語に広まった．

また，付加疑問文の聞き返しの付加部や，人に発言の繰り返しを求めるさいに，eh?を使用するのは有名だ．「Canadian Eh?」という標語とイラストは，Tシャツやペナント，キーホルダ，クリアファイルとして，さまざまな雑貨屋で目にするようになった．

3.4 オーストラリア英語

1770年に探検家のジェイムズ・クック (James Cook) がオーストラリアに到達し，東海岸沿岸をニューサウスウェールズ (New South Wales) と名付け[*25]，イギリス領と宣言した．その後，1788年に第一船団 (First Fleet) が開拓を始めた．1月26日にイギリス国旗を掲げたことから，この日がAustralia Day という祝日になっている．

図 3.12 150年前の開拓当初のメルボルン (Melbourne) と，現在のメルボルン．成長著しく，物価も年々上昇している．

[*25] Wales の語源について，今一度確認しておきたいところだ．

3.4 オーストラリア英語

第一船団には 1,000 人ほど，ないしは 1,400 人が乗り込んでいたと伝わっており，そのうち 4 分の 3 程度が囚人であった（記録により，ばらつきがある）．オーストラリアは流刑地として，そして囚人は開拓の労働力として，扱われたのである．オーストラリアで刑期を終えた囚人が本国に帰国するのは，事実上不可能であった．その罪状といえば，重罪もあったものの，ハンカチを一枚盗んだ，パンを一つ盗んだなど，非常に軽いものが多数あり，冤罪もかなり含まれていた．当時の人権が軽んじられていたことがよくわかる．とくに，ナポレオン戦争が終結した 1815 年以降は失業者があふれ，犯罪率が増加したことから，たくさんの囚人が送られたようだ．[26] この後，100 年近くのあいだに 16 万人以上の囚人がオーストラリアに送られたと考えられている．労働者階級の人々が多く，イングランド，スコットランド，ウェールズ，アイルランドと様々な地域から集められた．そのため，オーストラリアでも方言の水平化 (dialect levelling) が起こっており，変異はそれほど多くはない．1850 年の人口がおよそ 40 万人，そしてこのころに金鉱が見つかったためゴールドラッシュとなり，1900 年には 400 万人，現在の人口は 2,400 万人となっている．

---

[26]ポートアーサー (Port Arthur) など，監獄だった所が，現在では観光地になっており，囚人がどのような人たちであったかが調べられる．

図 3.13　ポートアーサー．周囲も建物もきれいなのだが，収容所だった．建物の中は，確かに鬱蒼とした雰囲気が残っているような感じである．

　囚人やゴールドラッシュでやってきた人たちの多くは，ロンドンやアイルランドの労働者階級であったため，オーストラリア英語はコックニーやアイルランド英語が基礎となっていると言われている．そのため，そこに由来する cobber「友人，仲間」，tucker「食べ物」，joker「人」といった単語が使用されている．また，基本的に non-rhotic 方言である．いっぽうで，オーストラリア独自の発展をとげた面や，最近のアメリカ英語の影響もあって，現在のオーストラリア英語が形成されていると考えて間違いはないだろう．

　オーストラリア英語は基本的に non-rhotic 発音であり，主に語末などの /r/ が発音されない．母音でも non-rhotic 発音であるロンドンや多くのイングランドのイギリス英語と同様に，アメリカで [æ] と発音されるような母音が長母音の [ɐ] と発音されるため，以下のような発音になる．イギリス英語の節で見たように，これは Long A ないしは Broad A と呼ばれる現象だ．オーストラリアにもこの長母音が持ち込まれたが，さらに後舌母音である [ɑ] から，中央母音の [ɐ] に変わったためにこういう発音になっている．

- bath: アメリカ [bæθ], オーストラリア [bɐːθ]
- laugh: アメリカ [læf], オーストラリア [lɐːf]

3.4 オーストラリア英語

図 3.14　Mrs Macquarie's Chair から，シドニーハーバーを眺める筆者．ホームシックになったエリザベス夫人のため，ニューサウスウェールズ州総督 (Governor of New South Wales) であったラックラン・マッコーリー (Lachlan Macquarie) が囚人に 1810 年に作らせたと言われている．エリザベス夫人はここから，イギリスへ往来する船を眺めていたそうだ．最終的には祖国のイギリスに帰れたため，怨念のある場所にはなっていないと思う．たぶん．

細分化すると，以下の三種類の英語が話されていると大まかに考えられている (Crystal, 2018)．

1. 洗練されたオーストラリア英語 (Cultivated)：10 パーセント程度が使用していると考えられており，イギリスの容認発音に近いと言われている．
2. 訛りの強いオーストラリア英語 (Broad)：30 パーセント程度が使用していると考えられている，とても訛りの強い Australian twang（鼻声）と呼ばれる英語．Paul Hogan[27]や Barry Humphries といったオーストラリアの役者・コメディアンが使用する，オーストラリアの典型とも言われている英語．
3. 一般的なオーストラリア英語 (General)：それ以外の主要なオースト

---

[27]Crocodile Dundee で有名になった．

206   第 3 章　世界の中での英語

ラリア英語と考えられている英語．使用者がいちばん多い．

発音に関する特徴としては，以下のようなものがある (ibid.)．

(9)　a. 容認発音で say の/eɪ/と発音される音が，より前の位置で，時
　　　　には後ろの位置で発音され，[*28] Australia が独特の発音になっ
　　　　たり，挨拶の G'day /gədaɪ/ 'Good day' や，mate が/maɪt/と
　　　　発音されたりする．オーストラリア英語の特徴として有名なも
　　　　のだ．

　　b. 容認発音で see の/iː/や do の/uː/と発音される長母音が/əɪ/
　　　　や/əʊ/といった二重母音になる．主に訛りの強いオーストラリ
　　　　ア英語で観察される．

　　c. 容認発音で my の/aɪ/と発音される音が，より後ろで発音さ
　　　　れ，/ɒɪ/と発音される．訛りの強いオーストラリア英語や，一
　　　　般的なオーストラリア英語で観察される．

　　d. 容認発音で [aʊ] と発音される二重母音が [æŏ] となる．そのた
　　　　め，how が [hæŏ] といった発音になる．

　　e. 中舌母音の/ə/が，強勢のない音節で/ɪ/にとって変わり，hospital
　　　　/hɒspətl/と発音されたり，because /bəkɒz/と発音されたり
　　　　する．

　　f. 鼻音の後の母音が鼻音化する．down や now などでその傾向が
　　　　強い発音．これが原因で twang（鼻声）と呼ばれたりする．

　語彙の特徴としては，アボリジニからの借用語がある．boomerang「ブー
メラン」，kangaroo「カンガルー」，dingo「ディンゴ」，koala「コアラ」，
wallaby「ワラビー」，wombat「ウォンバット」なんかは，おなじみだろう．
既出だが，「友人」や呼びかけに使用する mate は有名な語彙だ．イギリスで
も比較的多用される語彙だが，カジュアルな状況だけではなく，目上の人間
に対しても気楽に使われている．また，「シーラ」という女性に限らず女性一
般を指して Sheila と言うこともある．驚いた時の間投詞に strewth と言っ
たりもするが，この言葉自体に意味はない．また，「ありがとう」と言われ

───────────
[*28] 1.4 の母音の節を参照のこと．

3.4 オーストラリア英語

た後の「どういたしまして」として，No worries という言い方があるが，こ
れはオーストラリア英語発祥で，現在，アメリカやイギリスにも広まってい
る言い方のようである．挨拶などでは，アメリカでよく使用される How's it
going?の代わりに，How ya goin'?がよく使用され，また謝罪に対して「大丈
夫ですよ，お気になさらず」という意味で You're alright という言い回しも
ある．アメリカでは，That's alright と言うところだ．そして，呼びかけで
は Hey の他に Oi と言うこともある．他にもアメリカの For real?/Really?
と言う代わりに，Fair dinkum?という言い方や，「よかったね，すごいね」
と言うときに Good on ya!という言い回しもある．北米では Good job!, イ
ギリスでは Well done!と言うことが多いだろう．なお，Foster's Lager とい
う有名なビールもあるが，これは日本のアサヒビールが扱っている．

オーストラリア英語に特徴的な略語も有名で，よく耳にする機会がある．
接尾尾が ·er, ·ie, ·y, ·o となる傾向がある (Huddleston and Pullum, 2002).

(10)　　a.　arvo /'ɑːvoʊ/ ← afternoon「午後」

　　　　b.　Aussie, OZ /'ɒzi/ ← Australian「オーストラリア人」

　　　　c.　cossie /'kɒzi/ ← swimming constume「水着」

　　　　d.　possie /pɒzi/ ← position「位置」

　　　　e.　bathers ← bathing shorts「水着」

　　　　f.　Maccas ← McDonalds「マクドナルド」

　　　　g.　servo ← service station「ガソリンスタンド」

　　　　h.　barbie ← barbecue「バーベキュー」

　　　　i.　pollie ← politician「政治家」

　　　　j.　rellies ← relatives「親戚」

　　　　k.　sunnies ← sunglasses「サングラス」

　　　　l.　garbo ← garbage-collector「ゴミ収集の人」

　　　　m.　journo ← journalist「ジャーナリスト」

　　　　n.　rego ← registration「登録」

図 3.15 Early Bird Brekkie Specials と書いてある．brekkie とはオーストラリア英語で breakfast のことだ．この時間帯にメルボルン大学のカフェに来て朝食を頼めば，小サイズのホットドリンクが無料で飲める．

綴りは基本的にイギリス綴りを踏襲しており，organise, realise など，-ize ではなく，-ise が使用されたり，colour, flavour という綴りが基本で，color, flavor はあまり使われない．centre, litre もイギリス式であり，center, liter などは稀である．日常語彙でも，「歩道」はイギリス式の pavement（ないしは，footpath）を使い，アメリカ式の sidewalk はあまり使用しない．ただし，「エレベーター」ではイギリス式の lift とアメリカ式の elevator が混在したり，ズボンもイギリス式の trouser とアメリカ式の pants の両方がある．また，アメリカ式の綴りが優先されることもあり，enquire よりは inquire が，programme の代わりに program が使用されることも多いようである．

オーストラリアは，ゴールドラッシュの頃に中国から低賃金で勤勉な移民がたくさん流入してきたために，移民政策に反対の立場をとるようになった．そのため，同質的な文化を守り，公用語を使用し，見た目が同じであることが求められ，白豪主義政策が制度化されるようになった．この政策では，アジアやアフリカから移民が来ることを排除するために，極端に白人が有利になるような移民資格試験を設け，実質的にアングロサクソンの文化

3.5 標準英語？

図 3.16 開拓されて 150 年あまりで，すっかり華やかな都市となったシドニー．もちろん，その陰では，様々な暗い歴史があったことを忘れてはいけない．

を守る政策を採り続けていた．しかしながら，第二次世界大戦後は，経済復興や経済発展のために多数の人口が必要になってきたため，徐々に白豪主義政策を撤廃し，1972 年に公式に廃止した．これ以後，オーストラリアでは移民が増大し，多様性を許容する社会に生まれつつあり，現在では総人口の 3 割が海外出身者である．今後は母語が英語ではない人たちが多数派になり，オーストラリアの英語は多様な人たちが使用する共通語としてどんどん変化していくことが予想される．資源に恵まれた経済大国でもあり，国際的なオーストラリアという国の立場と，言語事情/言語政策という視点からもどんどん興味深い存在となっていくだろう．もちろん，これまで排除してきた土着のアボリジニに対する接し方についても，真剣に考えていく必要がある．

3.5 標準英語？

ところで，標準英語とは，何だろうか．今までたいした定義もなく，漠然とこの用語を使用してきた．おそらく，学校で習う英語が標準英語だというイメージが，読者のなかにあるのではないだろうか．

210　　　　　　　　　　　　　　　　　　　第 3 章　世界の中での英語

　Trudgill (2001) でも，標準英語とは，通常書き言葉で使用され，学校で教えられ，非母語話者に教えられている英語の変種であり，教育水準の高い人たちが使用し，ニュースなどで使用されている言語であり，形式的な変異である，と述べられている．

　変異ということはさまざまな種類がありうるわけだから，世界中の英語のなかで「これが標準英語だ」とされている英語は存在しないことになる．標準イングランド英語もあれば，標準アメリカ英語もあり，標準スコットランド英語もありうる．容認発音が標準英語を指すという印象を持つ人も多いが，容認発音とは違い，標準英語は，ある種の社会集団を念頭に置いているわけではない．標準英語という言葉が使用されている地域を指摘することは（少なくともトラッドギルの定義に従えば），不可能である．そういうわけで，標準英語には，地域ごとの違いというものがありうる．ある地域で一定の規則に基づいた英語があれば，それは標準と呼ばれるものとみなされうるのである．

　アメリカの言語事情でいえば，アメリカ英語は比較的，方言差があまりない言語であると考えられている．そのため，標準アメリカ英語といえば，中西部・西部ニューイングランド・西部アメリカの教養層が使う言語であると見なされていたり（要するに，南部やニューイングランドの中心に一部，特殊な方言があるのみと考えている），また，それにカナダを加えた英語が，標準アメリカ英語であるとする見解が主要なものである．これだけでも，どこの英語が標準アメリカ英語なのか断言できない，とする理由がわかるだろう．

　言語学的にいえば，どこの地域の英語が優れているかという話はできないことを，もういちど強調しておこう．言語学という観点からは，ある種の言語が違う，ということはいえても，優劣を図る天秤（てんびん）は存在しない．そういう意味では，教室という閉鎖空間で「正しい英語」というものを追い求める態度は，幾分ナンセンスなのかもしれない．21 世紀は英語の使用者が多く，その背景や地域も多様なことから，どんどん英語が変わり，分岐していく世紀になっていく可能性もある．

3.5 標準英語？

Crystal (2018) では，以下の見解を紹介している．

(11)　a. 標準英語とは，英語の変異の一つであり（再掲），どこか特別な
　　　　 地域の英語を念頭に置いているわけではない．文法や語彙をみ
　　　　 ているかぎり，それがどこの地域のものかはにわかには判断し
　　　　 がたい．

　　　b. 標準英語は文法，語彙，正書法（スペルと句読法）の問題であ
　　　　 る．標準英語はさまざまな発音で使用されるため，口語では問
　　　　 題にならない．

　　　c. 標準英語とは，社会的に高い位置につけられている英語である．
　　　　 社会的に高い位置とは，社会的な概念であり，人により評価が
　　　　 変わりうるため，共同体によってどれが選択されるかは，一義
　　　　 的には決まっていない．要するに，力のある人たちが使う英語
　　　　 であるといえる．

　　　d. 標準英語への権威は年長者によって定められており，そのため
　　　　 教育で使用される．また，政府，法廷，メディアなどで規範とし
　　　　 て使用される．好印象を持たれたり，反感を買ったりもする．

　　　e. 標準英語を使用している人たちは，じつは少数派であり，じっ
　　　　 さいに人は自分なりの個別の方言を話している．公文書や論文，
　　　　 書籍など，ごくかぎられた文脈では標準英語を使用することが
　　　　 求められるが，基本的には書き言葉である．

Crystal (2018) は，英語が使用されている国における標準英語とは，主に
語彙，文法，正書法で判断できる少数派の変異であり，いちばん社会的権威
があり，もっとも広く理解される英語とみなせるかもしれない，と述べてい
る．言語学的な「正しさ」など存在しないということは，何度でも，強調し
ておきたい．

最後に，Svartvik and Leech (2016) が土着的文法 (vernacular grammar)
と呼んでいる現象に関しても，指摘しておこう．これは，ブリテン島だけで
はなく，アメリカや他の地域の英語圏にも広がっている用法だ．このよう

に，今現在でも，英語は自然言語であるかぎり，変わりつづけているのである．

(12) a. ain't が have や be の現在形の否定形として使用されることがある．たとえば，I'm not leaving の代わりに，I ain't leaving と言ったり，He hasn't done it の代わりに He ain't done it と言ったりすることがある．

b. 規範的には -s がつかないような状況で使用されたりする．そのため，I says not, Whatever they wants they gets というような言い方が存在する．

c. b の逆もあり，-s が出てくる場面で出てこないこともある．She don't have no manners など．

d. 過去形が過去分詞形の代用をしたりする．それで，My arm is broken の代わりに，My arm is broke と言ったりする．

e. what が関係代名詞や比較節で使用され，She's got the book what I had last week や It's harder than what you think という言い方が存在する．

f. them を those の代わりに使用し，Did you post all them letters on Monday?と言ったりする．

練習問題

(1) International Dialects of English Archive (IDEA) (https://www.dialectsarchive.com) を利用して，地域ごとの英語について考えなさい．とくに，カナダ英語，オーストラリア英語，ニュージーランド英語，南アフリカ英語の特徴について，詳しくまとめなさい．

(2) I have just had lunch はイギリス英語，I just had lunch はアメリカ英語だが，just の意味に注意しながら，両言語における時制について考えなさい．

(3) 以下の表現は，イギリス語かアメリカ語のどちらかの慣用表現で

3.5 標準英語？ **213**

ある．どちらの英語に属していて，どういう意味があるのか調べなさい．

   a. well done

   b. not my cup of tea

   c. good job

   d. cheers

   e. lovely

   f. mind the gap

   g. a piece of cake

   h. sells like apple pies

   i. I had butterflies in my stomach

   j. what's up?

   k. once in a blue moon

(4) 学校では「標準英語」を教えるべき，という見解についてどう考えるか．自分なりに「標準英語」を定義してから，議論しなさい．

以下，Fromkin and Rodman (1998) から，必要に応じて改変したもの．

(5) 以下のイギリス英語とアメリカ英語で，意味が一致するものを結びつけなさい．

   a. イギリス英語：clothes peg, braces, pram, waistcoat, shop assistant, sweets, boot (of car), bobby, spanner, biscuits, torch, underground, high street, lorry, holiday, tin, knock up

   b. アメリカ英語：candy, truck, main street, crackers, suspenders, wrench, flashlight, vacation, baby buggy, can, cop, wake up, trunk, vest, subway, clothes pin, clerk

(6) a の単語は b で列挙されている単語の婉曲用法である．それぞれ，意味が一致するものを答えなさい．

   a. Montezuma's revenge, joy stick, friggin, ethnic cleansing, French letter (古い), diddle oneself, holy of holies, spend a penny (イギリス英語), ladies' cloak room, knock off, vertically challenged, hand in one's dinner pail, sanitation engineer, downsize, peace keeping

b. condom, genocide, fire, diarrhea, masturbate, kill, urinate, penis, die, waging war, vagina, women's toilet, short, fuckin, garbage collector

第 4 章

英語にまつわるエトセトラ

Whenever you feel like criticizing anyone, just
remember that all the people in this world
haven't had the advantages that you've had.

Scott Fitzgerald, *The Great Gatsby*

最後に，英語にまつわる雑談や基本知識をまとめて，本書の終わりと
することにしよう．

4.1　英語は世界の共通語？

　日本にいると，英語ができると何か特権階級の生まれなのか，特殊能力の
持ち主なのかというくらい一目置かれるようになっているが，英語は本当に
世界の共通語なのだろうか．

　この問題を考えるために，世界の言語事情について見ていこう．いきなり
だが，世界中に，言語はどれくらいあると思いますか．

　じつはこの問題は難しい．言語学者の間でも見解がわかれており，およそ
7,000 語であると言われている．2018 年の Ethnologue の統計では 7,111 語

である (https://www.ethnologue.com/guides/how-many-languages).

　なんだそれは？　お前たち，言語学者ってのはそんなにいい加減なのか？と言われそうだが，言いわけさせてもらいたい．じつは言語の区分というのは，それほど簡単なことではないのである．

　ある言語とある言語が違う，もしくは同じであるという基準は，何であろうか．いちばん，直感に合うのは，「通じるか，通じないか」という観点だろう．しかしながら，これはこれで難しい問題をはらむ．

　たとえば，日本語といえば，すべて同じ言語であると考えられがちだが，東北に縁のない人たちには，津軽方言を理解することは難しい．ましてや，琉球方言など，さまざまな種類があるのにも関わらず，「琉球方言」とひと言でまとめてしまっているし，そもそも本土の日本人にとってはちんぷんかんぷんの言葉である．

　さらに，個人的な体験だが，筆者は父方の実家が鹿児島であり，幼少のころは鹿児島弁がわからなくて本当に難儀をした．成人した今でも，あまりよくわからない．小さなころ，家の電話（当時は家に一台固定電話があり，それを家族で共有していたのだ）で鹿児島の祖母から電話があったとき，孫心に祖母が自分と話したいという気持ちは理解できた．そこで，どうにかこうにか話をつなぎたかったのだが，何を話されているか理解できなくて，適当に相槌を打っていたのを覚えている．

　似た事情は他の言語にもある．中国語などはいっしょくたにしてしまいがちだが，10 億人以上も使用者がいる言語が，まったく同じであるはずがない．じっさいには，北京語，広東語，上海語など 7 大方言があり，お互いの意思疎通には困難をきたすのが普通である．

　本書は英語に関する本なので，英語にも触れておこう．イギリス英語やアメリカ英語の節で述べたが，英語と言ってもずいぶんと幅がある．また，本書で紹介していない英語のなかにもさまざまなバリエーションがあって，

4.1 英語は世界の共通語？ 217

「英語」とひと言でまとめられる言語などないのである.

いっぽうで，違う言語であると認識されているのに，意思疎通ができてしまうような言語もある．たとえば，デンマーク語，スウェーデン語，ノルウェー語は非常に似通っているので[*1]，お互いに意思疎通ができるし（これら言語の歴史的経緯について今いちど，復習しておこう．ヒントは 9 世紀から 11 世紀だ），ヒンディー語とウルドゥー語に関してもそうである．異なる言語と考えられているものの，言語的な差異はあまりない．また，ドイツ国境沿いのオランダ語と，オランダ国境沿いのドイツ語も，非常に似ていることで有名だ．ドイツにいる人たちは，自分がドイツ語を話しているという認識だが，オランダにいる人たちは，自分がオランダ語を話していると認識している．ベルギーでは，58 パーセント程度の人たちがフラマン語 (Flemish) を話すと国外では言われているが，当の本人たちは，自分はオランダ語を話すという認識だそうだ．[*2]

これら言語が違うと考えられているのは，ひとえに政治的な理由である.

というわけで，ある言語とある言語が同じ，もしくは違うという区分はかなり恣意的なものなので，世界中に言語はどれだけありますかという疑問に対しては，妥当な解答が用意できないという状況があるのだ.

また，言語が分化して異なる言語になったり，政治的な理由で国が分裂したり，話者が少なくなって死語になるという状況も加味しなければならず，総数を把握するのは非常に困難なのである.

それでは，世界中で英語がどれだけ使用されているのかについて，考えていくことにしよう．Ethnologue (https://www.ethnologue.co

---

[*1]もちろん，地域差もある．デンマーク大使館によれば，スウェーデンの北部の人にはデンマーク語が難しかったり，ユトランド半島の人たちは，スウェーデン語がわからない，というケースもあるようだ．また，書き言葉では，デンマーク語とノルウェー語，話し言葉では，ノルウェー語とスウェーデン語が近いようだ.

[*2]ブリュッセルにあるルーヴェン・カトリック大学 (KU Leuven) の言語学者たちからの聞きとり.

m/statistics/size) に掲載されている数字によれば，中国語や英語，アラビア語の，それぞれの方言などをすべて無視して同じだと考えると，以下のような数字が並ぶ.

(1) 世界の母語人口（単位 100 万人）
   a. 中国語 (1,299)
   b. スペイン語 (442)
   c. 英語 (378)
   d. アラビア語 (315)
   e. ヒンディー語 (260)
   f. ベンガル語 (243)
   g. ポルトガル語 (223)
   h. ロシア語 (154)
   i. 日本語 (128)
   j. ラフンダー語 (119)

というわけで，母語として英語を話している人たち (English as a Native Language, ENL) の数は第三位であり，一位の中国語にはダブルスコア以上の差がつけられていることになる.

もちろん，これは母語話者の数字である. 第二言語として英語を使用する人たち (English as a Second Language, ESL) や，外国語として英語を使用する人たち (English as a Foreing Language, EFL) を考慮すれば，その数はさらに膨らんでいく. この場合，もちろん，カウントの仕方が変わる.

まず，用語としてだが，以下のような区分の仕方があるので，覚えておこう (Kachru, 1992). 英語はすでに，Englishes という複数形で呼ばれるような言語になっているのである.

(2) World Englishes
   a. Inner Circle: イギリス，アメリカ，オーストラリアなど，母語としての英語

4.1 英語は世界の共通語？

b. Outer Circle: シンガポール，インドなど，公用語としての英語の変種

c. Expanding Circle: 方言，外国語などの英語の変種

Crystal (2018) によれば，Inner Circle で英語を使用している話者はおよそ 3 億 8800 万人，Outer Circle で使用している話者は 8 億 8500 万人，Expanding Circle で使用している話者は 10 億人以上と見積もられている．この数は多いと見るべきか，思ったよりも少ないと見るべきなのだろうか．もちろん，科学論文など，学術という面での英語の優位は動かない．さらに，有名な映画やテレビもほとんどが英語であり，インターネット上での英語の優位を考えれば，英語の汎用性は十分に高いと言えるだろう．しかし，世界には英語がわからないという人の方が多いのであり，英語が世界のリンガフランカ[*3]であるという見解も，かなり政治的な問題なのである．

なお，強調しておきたいが，英語が論理的で，発音・学習しやすいなどといった要因を言語的特徴として持っているため，世界に広がった，という見解は誤りである．英語がある学習者にとって，習得しやすい要因としては，母語との距離がその要因である．すでに説明したように，英語はドイツ語やオランダ語と同じゲルマン系の言語なので，これらの母語話者にとっては，英語がかんたんと感じられる．また，ノルマン・コンクェストなどの影響で，フランス語由来の単語が多く，さらにフランス語の祖先であるイタリック語派はゲルマン語派と同じ印欧祖語であったため，フランス語話者，ポルトガル語話者，スペイン語話者にとっても，英語は比較的かんたんな言語に感じられる．

アメリカ国務省の外交官養成機関である Foreign Service Institute によれば，英語を第一言語とするアメリカ人にとっては，日本語はアラビア語，中国語，韓国語と並んでもっとも難度の高い言語であり，週 30 時間の集中コースを 44 週かけて，初めて上級者になることができるという．いっぽう，

[*3]原義はフランク王国の言葉．共通の母語を持たない集団において，意思疎通に使われている言葉．20 世紀初頭まではフランス語が優勢であったが，その後は英語が世界で Lingua franca の地位を占めるようになってきている．

フランス語やドイツ語は容易な言語に該当し，20 週のコースでよいと考えられている．単純計算すれば，日本語はフランス語やドイツ語の，倍以上に難しい言語ということになるわけだ (白井, 2008).

つまり，英語が論理的で学習しやすいために世界に広まったと主張する人たちは，自分の母語が英語に近いことを意識できていないだけの可能性が非常に高い．日本語を母語とする人たちの視点から言えば，英語が学習しやすいとはとうてい思えないだろう．また，日本でも英語が論理的であると主張する人たちも多いが，それはたんに，英語学習で使用する教材に採用される英語の文章やスピーチが論理的なだけである．英語でも論理が破綻している文章を書く人は多いし，理解しにくい話しかできない人もそうとうに多い．第 45 代アメリカ合衆国大統領であったドナルド・トランプ (Donald Trump) や第 43 代アメリカ合衆国大統領であったジョージ・W・ブッシュ (George Walker Bush) の発言や文章は，論理的であるとは言いがたいだろう（人によっては，感情に訴えかけるものがあるらしい，ということは否定できないが）．逆に言えば，論理的な人が書いた文章や話は，日本語であっても論理的である．論理性に関わる問題は，言語的な特徴そのものにはない．

4.2 イギリスとユニオンフラッグ

そもそもなぜ，イギリスは，日本語でイギリスというのだろうか．イギリスという単語は，English のポルトガル語 Ingles，ないしはオランダ語の Engels を，日本語読みしたことに由来すると考えられている．それで，「英吉利」という漢字が与えられ，のちに，「英国」と呼ばれるようになったわけだ．

しかし，語源を考えればわかるとおり，これでは「イギリス ＝ イングランド」であり，日本語の語感に合う「イギリス」にはなっていない．じつは，我々が「イギリス」と呼んでいる国の正式名称は The United Kingdom of Great Britain and Northern Ireland であり，略称は UK，ないしは U.K. である．日本の公式文書では「連合王国」と訳されている．少々ややこしいのだが，イングランド，ウェールズ，スコットランド，北アイルランドの四

4.2 イギリスとユニオンフラッグ

つの国 (nation) を束ねた一つの国家 (state, country) である，という見解である．

連合王国の印は，なんといっても国旗である．この国旗はユニオン・フラッグ (Union Flag)，ないしはユニオン・ジャック (Union Jack) と呼ばれ，そのデザイン性の良さから，服やアクセサリーによく採用されている．

図 4.1　連合王国の旗 (Union Flag)

ユニオンという名称が示す通り，これはイングランド，スコットランド，アイルランドの国旗を合わせたものだ．まずは，1603 年に白地に赤十字のセント・ジョージ・クロス (Saint George's Cross) のイングランド国旗と，スコットランドの青地に白斜め十字のセント・アンドリュー・クロス (Saint Andrew's Cross) が同君連合時代に組みあわされて作られた．

のちにアイルランドと合併し，白地に赤の斜め十字のセント・パトリック・クロス (Saint Patrick's Cross) が組み合わされて，現在の形ができあがったのである．

また，連合王国の旗をよく見るとわかるのだが，セント・アンドリュー・クロスと，セント・パトリック・クロスが重なり合わないように，セント・パトリック・クロスの斜線が反時計回りに若干ずらしてある．右上の部分がちょっと右肩上がりになる，カウンターチェンジ (Counter-change) というデザインである．このため，イギリス国旗は，上下左右で非対称であり，表

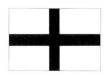

図 4.2　イングランドの旗（セント・ジョージ・クロス）

図 4.3　スコットランドの旗（セント・アンドリュー・クロス）

図 4.4　アイルランドの旗（セント・パトリック・クロス）

裏の区別が存在していることになる．

　なお，ウェールズは，1536 年にすでにイングランドに服属していたため，ウェールズの国旗は加えられていない．龍のデザインはかっこいいのだが，ユニオンフラッグには合わないという見解のためか，いまだに入れてもらえないでいる．

4.2 イギリスとユニオンフラッグ

図 4.5 ウェールズの旗

　これらの国は，連合王国であるという見解を持ちつつも，自分たちの国の独立意識も強く持っている．2014 年にスコットランドが連合王国から独立するか，という住民投票が話題になったが，スコットランド人は自分たちのことをスコットランド人だと考えているし，ウェールズ人も（北）アイルランド人も同じである．決して，彼らを English とひとくくりにしないほうがいい．

　また，国際サッカー連盟からは，独自のサッカー協会を持つことが許されているため，独自のナショナルチームでワールドカップに挑むことができる．第一回大会で優勝したのはイングランド代表であって，イギリスの代表ではないことに要注意だ．スコットランド人の大半が，ワールドカップではまずスコットランドを応援し，次にイングランドの対戦相手を応援する，という話も有名である．[*4]

　話を変える．Great Britain というように，ブリテン島に Great がついた名称があるのは，フランスのブルターニュ (Bretagne) を小ブリテンと呼んでいたことの対比に由来する．どちらも，Breoton というケルト系民族が住んでいた点で共通しているのである．

　また，Britain はブリタニア (Britannia) と呼ばれることもあるが，これ

[*4] なお，ラグビーのワールドカップでも同様である．

224　　　　　　　　　　　　　　　第 4 章　英語にまつわるエトセトラ

はローマ帝国がブリテン島を支配していたときに，「Breoton 人が住んでいる島」という意味で呼んだ名残である．

　なお，イギリス連邦王国 (Commonwealth realm) という言葉を聞いたこともあるかもしれない．これは，連合王国の王座にある者を．自国王として受け入れている主権国家のことである．

　イギリス連邦 (Commonwealth of Nations) の一部であり，イギリス連邦がかつての大英帝国であった主権国家からなる緩やかな国家連合である．

　いっぽう，イギリス連邦王国は 2018 年 12 月現在，ウィンザー朝の第四代エリザベス二世 (Elizabeth Alexandra Mary) を女王とし，実質的な政務は首相が取り仕切る議院内閣制が採用されている．カナダ，オーストラリア，ニュージーランドもイギリス連邦王国の一部であり，エリザベス女王が君主である．また，カナダのイケメン首相で話題になったジャスティン・トルドー (Justin Trudeau) や産休を取ったことで話題になったニュージーランド首相のジャシンダ・アーダーン (Jacinda Ardern) などが，「首相 (prime minister)」という肩書きであることを確認しておこう．

4.3　月と暦

　いきなりだが，octopus といえば，タコのことである．タコといえば足が 8 本あるわけだが，なぜ似たような発音の October は 8 月ではなくて，10 月のことを指しているのだろうか．

　oct· というのは，じつはラテン語で「8」という意味があり，ギリシア語でも octa· というが，やはり「8」の意味である．この接頭辞を使っている octave「オクターブ」という単語は，8 度音程のことだ．じつは，October を 8 月であると勘違いするのは，仕方がないことなのである．

　また，ラテン語で spet· は「7」の意味であるし，nona· は「9」，deca· は「10」の意味である．何か，法則のようなものに気づかないだろうか．

4.3 月と暦　　　　　　　　　　　　　　　　　　　　　　　　　225

図 4.6　18 世紀までは私邸だったが，1837 年のヴィクトリア女王 (Victoria) 以降に公式の宮殿になったバッキンガム宮殿 (Buckingham Palace). 衛兵交代 (Changing of the Guard) が見られることで有名.

　じつは，月の名称は言葉の意味から考えれば，2ヶ月ほどズレているのである．なぜこのようなことが起こったのだろうか．話はローマ帝国の時代にまでさかのぼる．まず，ローマ建国の王とされる伝説上の王ロムルスの時代．当時は，現代と比べると平均気温が低く，極寒の時代だったのだ（温暖な南欧州が栄え，北欧に人がいなかったのは，そのためでもある）．当時は太陰暦が採用されていたが，1年は 10ヶ月で数えており，冬のあいだはカレンダー上，数えていなかった．このため，春が来る 3月が 1年の始まりであるとされた．

　冬は活動していなかったので，3月から活動，つまり戦闘を開始するということで，戦（いくさ）の神マルスにちなんで Mars がこの月の名前に採用された．march といえば，動詞で「(軍が) 行進する」という意味があるが，この意味はマルスに由来する．マルスは，あのゼウスの子であるとされ，戦に強く，アフロディーテの恋人であったとされている．

226 第4章 英語にまつわるエトセトラ

次の4月は「(芽が) 開く」月とされる. ラテン語の aprilis「開く」が月の名前になったとも, マルスの恋人アフロディーテ (Aphrodite) にちなむとも考えられている. なお, フランス語で食前酒のことを aperitif というが, これには「胃を開く」という意味が原義にあったそうだ.

5月は, 繁殖・成長を司る豊穣の女神マイア (Maia) にちなんでいる. なお, この月は死者を悼む月でもあり, 人々が結婚を控えていたという逸話も残る.

6月はユピテル (Juppiter) の妻, Juno に由来する. Juno は, 結婚・出産を司る女神である. 美しく, 最高格に当たる女神とされ, 6月に結婚するとよいという June bride は, この神にちなんでいる. また, ヨーロッパでも, よい季節であることが大きいだろう. この時期は本当に過ごしやすい.

7月はもともと, 「5番目の月」という意味であった Quintillis だったが, エジプトの太陽暦を取り入れたユリウス・カエサル (Julius Caesar) が, 自分の誕生月に自分の名前を付けた.

8月ももともとは「6番目の月」という意味の Sextilis だったが, カエサルの跡継ぎでローマ皇帝になったアウグストゥス (Augustus) が, 自分の誕生月ということで, 自分の名前を付けた.

その後, 9月は「第7の月」である September, 10月は「第8の月」である Octōber, 11月は「第9の月」である November, 12月は「第10の月」である December となったわけだ.

紀元前713年になると, ローマ国王のヌマ・ポンピリウス (Numa Pompilius) が改暦を行い, 11番目の月に Jānuārius, 12番目の月に Februārius が追加された. Jānuārius はローマ神話の出入り口と扉の守護神で, 前後に二つの顔を持つというヤーヌス (Janus), Februārius は慰霊祭を司るフェブルウス (Februus) という神にちなむ.

4.3 月と暦

その後，紀元前 45 年に，ユリウス・カエサルによってエジプトの太陽暦が取り入れられ，ユリウス暦と呼ばれる暦が採用された．ここで，Jānuārius は 1 月に，Februārius は 2 月になった．そういうわけで，9 月以降の呼び名がズレているのである．なお，この暦では，1 年を 365 日とした．また，奇数月を 31 日，偶数月を 30 日にふりわけ，2 月を 29 日にし，4 年に 1 回閏年を採用するという形にした．

なお，その後アウグストゥスが，自分の誕生月が 30 日しかないことに不満をおぼえ，2 月から 1 日取ってきて 8 月を 31 日とし，9 月からは奇数月が 30 日，偶数月が 31 日となる．これが現在の暦に近いが，1582 年にローマ教皇のグレゴリウス十三世によってグレゴリオ暦となり，現在に至っている．

そういうわけで，October はもとは，「8 月」という意味だったのである．October を 8 月に勘違いしたことがある人は，言語に関する直感は悪くないのかもしれない．

なお，週に関する呼び名だが，ゲルマン系の言語では，日曜日は太陽 (Sun) に，月曜日は月 (Moon) にちなんでいる．火曜日の Tuesday は北欧神話の天空神テュール (Tyr)，水曜日の Wednesday は，北欧神話最高の神オーディン (Óðinn → Woden, Wodan)，木曜日は北欧の雷神トール (þórr → Thor)，金曜日の Friday は北欧の女神フレイヤ (Freja, Frigg) である．これらは，ゲルマン系の神としてあがめられてきた．

余談だが，京都情報学院大学の作花一志氏によれば (https://www.kcg.ac.jp/kcg/sakka/kagakushi/youbi.pdf)，日本での曜日名「日月火水木金土」は空海が 9 世紀初めに唐から持ちかえり，平安時代には定着していたようだ．ヘルニズム時代に，アレキサンドリアではすでにこの呼び方が使用されており，それが東に伝わった可能性がある．天文学の精緻さと情報伝播の広がりを知るのは，なかなか興味深い．

読書案内

日本語

- 『物語 イギリスの歴史（上，下）(君塚, 2015a,a)』英語ではないが，イギリスの歴史を知るのに最適な本．本書で紹介した歴史の詳しい部分もよく理解できる．
- 『英語史入門 (橋本, 2005)』歴史に注目した形で英語史が学べる．歴史的な知識が足りない人にお勧め..
- 『英語の歴史 (寺澤, 2008)』新書だが，内容が豊富な良書．手軽に読めるが，確実な知識が身につく．
- 『英語の「なぜ？」に答える はじめての英語史 (堀田, 2016)』これもQ&A 方式で書かれてあり，英語と英語史に関する基礎的な知識がわかりやすく，かつ非常に楽しく読める．コンパニオンサイトもあり，秀逸．
- 『世界の英語ができるまで (唐澤, 2016)』は，世界に英語がどう広まっていったかを非常にていねいに書いた良書．オセアニアやアフリカの英語事情もわかる．
- 『歴史言語学 (服部・児島, 2018)』論文集の体裁をとっており，多彩な内容が深く書かれている．これから本格的に英語史・歴史言語学を勉強したい人に勧めたい．
- 『英語教師のための英語史 (片身他, 2018)』は難解だが，各時代ごとの代表的な文学作品が体験できて，勉強になる．中級・上級者向け．英語教師というよりは，英語史をこれから研究したい人向けの印象．

英語

- The Cambridge History of the English Language (Hogg et al., 1992) はさまざまな著者による論文集だが，かなり詳細で精度が高く，圧倒される傑作である．本格的に英語史を勉強したい人向け．ただし，索引をたどることで，辞書・事典のように使用することもできる．

4.3 月と暦

229

- Sociolinguistics: An Introduction to Language and Society (Trudg-ill, 2001) は，社会言語学のバイブル的存在で読みやすい.
- History of English: A Resource Book for Students (Mclntyre, 2008) は，基本的な事項から英語の歴史がおさえられる.
- The History of the English Language (Viney, 2008) は，簡易な歴史本という感じだ. 気楽に英語で英語史の部分を復習したい人向け.
- A History of the English Language (Baugh and Cable, 2012) は正統派で伝統のある英語史のテキストだ. じっくり取りくみたい人向け.
- English as a Global Language (Crystal, 2012) は世界に広がる英語の現状がよくわかる本だ. 英語の現状を知りたい人にお勧め.
- English Accents & Dialects (Hughes et al., 2012) はイギリスの方言に関して，地域ごとに詳細な研究が行われている. どういった変異があるのかを詳しく知りたい人にお勧め.
- Historical Linguistics: Toward a Twenty-First Century Reintegra-tion (Ringe and Eska, 2013) は，本格的に歴史言語学を研究したい人にお勧め. 言語学の知識も身につく.
- History of English (Culpeper, 2015) は練習問題を通して学ぶ英語の歴史という雰囲気. 簡易版なので，知識の定着に利用したい.
- English – One Tongue, Many Voices (Svartvik and Leech, 2016) はコンパクトに, 英語の歴史と英語に関する記述が充実している名著. 百科事典は少し多すぎるが，一冊の本をしっかり読みたい人向け.
- The Cambridge Encyclopedia of the English Language (Crystal, 2018) は随所に引用させてもらった. ひさびさに手を取って，隅から隅まで読みたくなる百科事典だと思えた. 平易でわかりやすい文体，多くのイラストに加え，ウェブ上に豊富な資料があり，今後，英語や言語学について学習したいというのであれば，ぜひとも勧めたい良書である.
- The Oxford Companion to the English Language (McArthur and Fontaine, 2018) は辞書のような形で，キーワード検索ができるようになっている. 一冊持っておくと，知識をまとめるのに便利だ.

あとがき

　本書の執筆のきっかけとしては，名古屋外国語大学出版会の編集長である大岩昌子先生の，強い推薦と説得があった．ここに記して感謝する．また，浅川照夫先生と上田功先生にはいろいろと有益なコメントをいただき，感謝の念に堪えない．また，水光雅則先生と那須川訓也先生には初歩的な質問にも丁寧に答えていただきき，感謝の言葉もない．澤田治先生にも，原稿に目を通していただいた上で暖かい言葉をたまわった．秋田喜美先生には，名古屋大学の研究室でのミーティングで貴重な意見をいただいた．

　筆者が音声学・音韻論の手ほどきを受けたのは，ワシントン大学在学中のRichard Write 先生からである．音声学・音韻論の研究者ではない筆者にとって，2000〜2001 年に受けたコースワークがこのような形で役に立つとは，当時は想像もしていなかった．さらに，本書のずいしょに混じるイギリス英語の方言や歴史に関する知識については，ヨーク大学在学中に参加したいくつかのセミナーが役に立った．また，オクスフォード大学で一緒になったDavid Crystal 先生からうかがった話も役に立った．日本の旅行話や，自分の名前に似ているため，大阪・心斎橋の地下街の「クリスタ長堀」が気に入ったなど，雑談から学問の話まで色々と刺激になった．記して感謝する．

　文体の訂正やコメントなど，編集者の川端博さんにもたいへんお世話になった．現任校の学長である亀山郁夫先生が訳された光文社の『カラマーゾフの兄弟』は，筆者がまだ大学院生だったときに楽しんで読んだが，読みやすさに定評があったその編集者と一緒に仕事ができる機会をもらえたのは，非常に幸運だった．また，名古屋外国語大学出版会編集部の方々にも，大変

お世話になった.

　本書の随所にはイラストが挿入されているが，これらは，ゼミ生の上村まいさんと坂口朋香さんに描いてもらった．素敵なイラストによって，華やかなレイアウトになったのではないかと思う.

　本書の内容は，名古屋外国語大学で実施した講義のハンドアウトから発展したものだが，受講者の皆さんからいただいたフィードバックもたいへん，有意義だった．また，版を重ねることで，改善点・修正点もよくわかるようになってきた．一番勉強させてもらったのは，授業担当者の筆者である．今まで担当してきた学生の皆さんには深く感謝している．なお，言うまでもないことだが，本書における誤りや無理解はすべて筆者の責任である.

　本書は，英語にかかわる言語学という学問のスタート地点において，概論として知っておいてほしいということを書いたつもりだ．言語学者としては，多くの若い学生が言語研究のおもしろさを知るきっかけになってほしいというのが，ひそかな願望であるということは記しておきたい．もちろん，英語教員や英語教育に携わる人たちの役に立つことができれば，この上もない喜びである.

　本書の執筆は，科学研究費（若手研究 #18K12385, 及び新学術領域研究 #18H05086) の支援を受けている．記して感謝する.

　最後になったが，いつも笑顔で励ましてくれる妻の紘子と娘の佳穂と息子の彬雅にも深く感謝する．娘は初版の原稿の頃は寝ない子で，寝かしつけるために夜中にドライブや抱っこしながら夜道を歩くなど大変な思いをした．今ではよく寝てよく食べる，元気で活動的な三歳児に育っており，相手をするだけで一苦労である．また，コロナ禍の 2020 年に産まれた長男は，利発そうな顔立ちと愛想のよい笑顔で毎日癒やしてくれる．そうやってできた本書が，英語に興味のある全ての読者に楽しんでもらえるよう，心から祈っている.

参考文献

Adger, David (2006) "Combinatorial Variation," *Journal of Linguistics*, Vol. 42, pp. 503-530.

Akimoto, Minoji (2006) "Rivalry among the Verbs of Wanting," in Dury, Richard, Maurizio Gotti, and Marina Dossena eds. *English Historical Linguistics 2006: Lexical and Semantic Change*, Vol. II: John Benjamins Publishing Company, pp. 117-138.

Baugh, Albert and Thomas Cable (2012) *A History of the English Language*, New York: Routledge Publishers.

Bickerton, Derek (1988) "Creole Languages and the Bioprogram," in Newmeyer, Frederick J. ed. *Linguistics: The Cambridge Survey(II)*, Cambridge: Cambridge University Press, pp. 268–284.

———— (1990) *Language and Species*, Chicago, Illinois: Chicago University Press.

Crystal, David (2012) *English as a Global Language*, Cambridge: Cambridge University Press.

———— (2018) *The Cambridge Encyclopedia of the English Language*, Cambridge: Cambridge University Press.

Culpeper, Jonathan (2015) *History of English*, New York: Routledge Publishers.

Diffloth, Gérard (1994) "i: *big*, a: *small*," in Hinton, Leane, Johanna Nichols, and John Ohala eds. *Sound Symbolism*: Cambridge University Press, pp. 107-114.

Dingemanse, Mark, Will Schuerman, Eva Reinisch, Sylvia Tufvesson, and

Holger Mitterer (2016) "What Sound Symbolism Can and Cannot Do: Testing the Iconicity of Ideophones from Five Languages," *Language*, Vol. 92, pp. 117-133.

Finegan, Edward (1998) *Language: Its Structure and Use*, Stamford, Conneticut: Heinle & Heinle Publication.

Fromkin, Victoria and Robert Rodman (1998) *An Introduction to Lanuguage*, Orland: Harcourt Brace College Publishers.

Giles, Howard, Baker Susan, and Fielding Guy (1975) "Communication Length as a Behavioral Index of Accent Prejudice," *International Journal of the Sociology of Language*, Vol. 6, pp. 73-81.

Greenberg, Joseph H. (1963) "Some Universals of Grammar with Particular Reference to the Order of Meaningful Elements," in Greenberg, Joseph ed. *Universals of Language*, Cambridge, Massachusetts: MIT Press, pp. 73-113.

Hale, Ken (1983) "Warlpiri and the Grammar of Non-configurational Languages," *Natural Language and Linguistic Theory*, Vol. 1, No. 1, pp. 5–48.

Hale, Kenneth (1992) "Language Endangerment and the Human Value of Linguistic Diversity," *Language*, Vol. 68, pp. 35-42.

Henry, Alison (1995) *Belfast English and Standard English*, Oxford: Oxford University Press, pp.146.

Hogg, Richard, Norman Blake, Robert Burchfield, Suzanne Romaine, Roger Lass, and John Algeo (1992) *The Cambridge History of the English Language*, Cambridge: Cambridge University Press.

Huddleston, Rodney and Geoffrey Pullum (2002) *The Cambridge Grammar of the English Language*, Cambridge: Cambridge University Press.

Hughes, Arthur, Peter Trudgill, and Dominic Watt (2012) *English Accents and Dialects: An Introduction to Social and Regional Varieties of English in the British Isles*, Oxford: Routledge.

Hunt, Percival (1962) *Fifteenth Century England*, Pittsburgh, Pennsylvania: University of Pittsburgh Press.

Imai, Mutsumi, Sotaro Kita, Miho Nagumo, and Hiroyuki Okada (2008)

"Sound symbolism facilitates early verb learning," *Cognition*, Vol. 109, pp. 54-65.

Johnson, Samuel (2007) *A Dictionary of the English Language: An Anthology*, London: Penguin Classics.

Kachru, Braj (1992) "World Englishes: Approaches, Issues and Resources," *Language Teaching*, Vol. 25, pp. 1-14.

Labov, William (1966) *The Social Stratification of English in New York City*, Washington: Center for Applied Linguistics.

—— (1970) "The Logic of Nonstandard English," in Williams, Frederick ed. *Language and Poverty – Perspective on a Theme*, Chicago: Markham, pp. 153-189.

—— (1972a) *Language in the Inner City: Studies in the Black English Vernacular*, Philadelphia, Pennsylvania: University of Pennsylvania Press.

—— (1972b) *Sociolinguistic Patterns*, Philadelphia, Pennsylvania: University of Pennsylvania Press.

Ladefoged, Peter (2001) *A Course in Phonetics*, Harcourt: Harcourt Brace College Publishers.

Ladefoged, Peter and Keith Johnson (2014) *A Course in Phonetics*, New York: Wadsworth Publishing Company.

Lockwood, W.B., Mark Dingemanse, and Peter Hagoort (2016) "Sound-Symbolism Boosts Novel Word Learning," *Journal of Experimental Psychology*, Vol. 42, pp. 1274-1281.

McArthur, Lam and Lise Fontaine (2018) *The Oxford Companion to the English Language*, Oxfod: Oxford University Press.

McGurk, Harry and John MacDonald (1976) "Hearing Lips and Seeing Voices," *Nature*, Vol. 264, No. 5588, pp. 746-748.

McIntyre, Dan (2008) *History of English: A Resource Book for Students*, New York: Routledge Publishers.

Meyer, Charles F. (2009) *Introducing English Linguistics*, Cambridge: Cambridge University Press.

Mielke, Jeff, Adam Baker, and Diana Archangeli (2016) "Individual-Level

Contact Limits Phonological Complexity: Evidence from Bunched and Retroflex /ɹ/," *Language*, Vol. 92, pp. 101-140.

Mondorf, Britta (2003) "Support for More-Support," in Rohdenburg, G. and B. Mondorf eds. *Dterminants of Grammatical Variation in English*: Mouton de Gruyter, pp. 251-304.

Morzycki, Marcin (2011) "Metalinguistic Comparison in an Alternative Semantics for Imprecision," *Natural Language Semantics*, Vol. 19, pp. 39-86.

Newmeyer, Frederick J. (1998) *Language Form and Language Function*, Cambridge, Massachusetts: MIT Press.

———— (2005) *Possible and Probable Languages: A Generative Perspective on Linguistic Typology*, Oxford: Oxford University Press.

Ogden, Richard (2017) *An Introduction to English Phonetics*, Edinburgh: Edinburgh University Press.

Pinker, Steven (1994) *The Language Instinct*, New York: William Morrow and Co.

Quirk, Randolph, Sidney Greenbaum, Geoffrey Leech, and Jan Svartvik (1985) *A Comprehensive grammar of the English Language*, London: Longman.

Reetz, H. and A. Johngman (2008) *Phonetics: transcription, production, acoustics, and perception*, Oxford: Wiley-Blackwell.

Ringe, Don and Joseph F. Eska (2013) *Historical Linguistics: Toward a Twenty-First Century Reintegration*, Cambridge: Cambridge University Press.

Roach, Peter (2009) *English Phonetics and Phonology*, Cambridge: Cambridge University Press.

Saito, Mamoru (1985) "Some asymmetries in Japanese and their theoretical implications," Ph.D. dissertation, Massachusetts Institute of Technology.

Sapir, Edward (1929) "The Status of Linguistics as a Science," *Language*, Vol. 5, pp. 207-214.

Snoeck, Christophe, John Pouncett, Philippe Claeys, Steven Goderis,

参考文献 **237**

Nadine Mattielli, Mike Parker Pearson, Chistie Willis, Antonie Zazzo, Julia A. Lee-Thorp, and Rick J. Schulting (2018) "Strontium isotope analysis on cremated human remains from Stonehenge support links with west Wales," *Scientific Reports*, Vol. 8, pp. 10.1038/s41598-018-28969-8.

Stockwell, Robert P. and Donka Minkova (2009) *English Words: History and Structure*, Cambridge: Cambridge University Press.

Strambini, Nichola・備瀬優・矢野雅貴・坂本勉 (2012)「大きさと関連する音象徴について」,『日本認知科学会』, 第 29 巻, 790-796 頁.

Svartvik, Jan and Geoffrey Leech (2016) *English – One Tongue, Many Voices*, London: Palgrave Macmillan.

Tomlin, Russel (1986) *Basic Word Order: Functional Principles*, London: Croom Helm.

Trudgill, Peter (2001) *Sociolinguistics: An Introduction to Language and Society*, London: Penguin.

Viney, Brigit (2008) *The History of the English Language*, Oxford: Oxford University Press.

亀井孝・河野六郎・千野栄一 (1998)『言語学大辞典セレクションヨーロッパの言語』, 三省堂.

加藤重弘・安藤智子 (2016)『基礎から学ぶ音声学講義』, 研究社.

君塚直隆 (2015a)『物語イギリスの歴史（上）– 古代ブリテン島からエリザベス 1 世まで』, 中公新書.

―――― (2015b)『物語イギリスの歴史（下）– 清教徒・名誉革命からエリザベス 2 世まで』, 中公新書.

唐澤一友 (2016)『世界の英語ができるまで』, 亜紀書房.

堀田隆一 (2016)『英語の「なぜ？」に答える　はじめての英語史』, 研究社.

大名力 (2014)『英語の文字・綴り・発音のしくみ』, 研究社.

寺澤盾 (2008)『英語の歴史 – 過去から未来への物語 –』, 中公新書.

嶋田珠巳 (2016)『英語という選択 – アイルランドの今 –』, 岩波書店.

川原繁人 (2015)『音とことばのふしぎな世界 – メイド声から英語の達人まで –』, 岩波科学ライブラリー.

―――― (2018)『ビジュアル音声学』, 三省堂.

平井正穂（訳）シェイクスピア（著）(1988)『ロミオとジューリエット』，岩波文庫.

平田雅博 (2016)『英語の帝国 − ある島国の言語の 1500 年史 −』，講談社選書メチエ.

広瀬友紀 (2017)『ちいさい言語学者の冒険 − 子どもに学ぶことばの秘密 −』，岩波科学ライブラリー.

忍足欣四郎（訳）(1990)『中世イギリス英雄叙事詩ベーオウルフ』，岩波文庫.

指昭博 (2015)『図説イギリスの歴史』，河出書房新社.

服部義弘・児島修 (2018)『歴史言語学』，朝倉書店.

桝井迪夫（訳）チョーサー（著）(1973)『完訳カンタベリー物語（上）』，岩波文庫.

橋本功 (1996)『聖書の英語 − 旧約原典からみた −』，英潮社.

───── (2005)『英語史入門』，慶應義塾大学出版会.

沖森周二・山本真吾・陳力衛（著）(2010)『日本語史概説（日本語ライブラリー）』，朝倉書店.

渡部昇一 (2003)『英文法を知ってますか』，文春新書.

澤田治美 (2006)『モダリティ』，開拓社.

片身彰夫・川端朋広・山本史歩子 (2018)『英語教師のための英語史』，開拓社.

白井恭弘 (2008)『外国語学習の科学─第二言語習得論とは何か −』，岩波新書.

窪薗晴夫 (1998)『音声学・音韻論』，くろしお出版.

───── (1999)『日本語の音声』，岩波書店.

───── (2017)『オノマトペの謎 − ピカチュウからモフモフまで −』，岩波科学ライブラリー.

菅原真理子（編）(2014)『音韻論』，朝倉書店.

近藤泰弘・月本雅幸・杉浦克己 (2005)『新訂　日本語の歴史（放送大学教材）』，日本放送出版協会.

野島秀勝（訳）シェイクスピア（著）(2002)『ハムレット』，岩波文庫.

高山倫明・木部暢子・松森晶子・早田輝洋・前田広幸 (2016)『音韻史』，岩波書店.

索引

Chancery Standard, 115

Expanding Circle, 223

Inner Circle, 222, 223

non-rhotic 方言, 38, 170, 171, 174, 182, 190, 191, 208

Outer Circle, 223
Oxford English Dictionary, 147

rhotic, 38
rhotic 方言, 38, 170, 180, 185, 190

smoothing, 172

アイルランド (Ireland), 70, 80, 117, 167, 171, 177, 183–185, 187, 191, 208, 224, 225, 227
アイルランド・ゲール語 (Irish Gaelic), 181, 182, 184, 185
アウグストゥス (Augustus), 230, 231
アメリカ英語 (American English), 163–166, 169–171, 180, 185, 186, 188, 189, 193, 194, 196, 199, 200, 203, 204, 208, 214, 216, 217
アメリカ独立宣言 (The United States Declaration of Independence), 187
ありがとう, 175
アルフレッド大王 (King Alfred), 76, 80, 85
アングル人 (Angles), 73, 74, 80, 83

アングロ・サクソン (Anglo-Saxon), 73, 74, 79, 80, 83, 84, 86
アングロ・サクソン年代記 (Anglo-Saxon Chronicle), 80, 85
ジャシンダ・アーダーン (Jacinda Ardern), 228
オットー・イェスペルセン (Otto Jespersen), 133
異音 (allphone), 46
イギリス (United Kingdom), 167
英吉利, 224
イギリス英語 (British English), 163–167, 169, 175, 186, 188–190, 203, 204, 216–218
イギリス連邦 (Commonwealth of Nations), 228
イギリス連邦王国 (Commonwealth realm), 228
イタリック語派 (Italic languages), 70
意味借用 (semantic borrowing), 87, 88, 90
印欧祖語 (Indo-European language), 6, 68–70, 74, 76, 78, 94, 131, 160, 161, 181
インク壺語 (inkhorn terms), 120
イングランド (England), 73, 74, 76, 80, 88, 167, 168, 170–185, 187, 188, 190, 191, 214, 224–227
イングランド教会史 (The Ecclesiastical History of the English People), 83, 85
イーストアングリア (East Anglia), 74
ジョン・ウィクリフ (John Wycliffe), 132
ウィレム三世 (Willem III/William III), 118

ジョン・ウィンスロップ (John Winthrop), 187
ウェストミンスター宮殿 (Palace of Westminster), 167
ウェセックス (Wessex), 72, 74–76, 80
ノア・ウェブスター (Noah Webster), 194
ウェールズ (Wales), 72, 73, 80, 104, 167, 170, 181, 182, 206, 224, 226, 227
ウェールズ語 (Walsh), 70, 80, 181, 182
ウェールズ人 (Walsh), 181
ジョン・ウォリス (John Wallis), 136
ウムラウト型変化・母音変異 (umlaut, mutation), 94
ウムラウト複数形・母音変異複数形 (umlaut plural, mutation plural), 94
ウルガタ (Vulgata), 131
ヴァイキング (Viking), 80, 82
ヴィクトリア女王 (Victoria), 229
ヴォーティガン (Vortigern), 83
h の音, 36, 140
エセックス (Essex), 74
エドワード一世 (Edward I), 181
エドワード王 (Edward the Confessor), 81, 101
エリザベス一世 (Elizabeth I), 117, 186
エリザベス二世 (Elizabeth Alexandra Mary), 228
オックスブリッジ発音 (Oxbridge accent), 170
オノマトペ (onomatopoeia), 7
オファ (Offa), 75
音象徴 (sound symbolism), 9–12
音声的偏り (phonetic bias), 79
音節 (syllable), 43, 48
音素 (phoneme), 45
オーストラリア英語 (Australian English), 36, 206
開音節 (open syllables), 44
カウンターチェンジ (Counter-change), 225
ユリウス・カエサル (Julius Caesar), 72, 230, 231
ウィリアム・カクストン (William Caxton), 114–116
河口域英語 (Estuary English), 172
仮定法 (subjunctive mood), 147
カナダ英語 (Canadian English), 204

カレドニア (Caledonia), 72
カンタベリー物語 (The Canterbury Tales), 103, 106, 114, 116
外来語, 53, 54
ガヴァガイ問題 (the Gavagai problem), 6
ガリア戦記 (Commentarii de Bello Gallico), 173
記述文法 (Descriptive Grammar), 138
北アイルランド (Northern Ireland), 167, 183–185
基体 (base), 32, 53, 55, 56, 59
機能範疇 (functional category), 90
規範文法 (Prescriptive Grammar), 136–139, 143
基本語順 (Basic Word Order), 182
基本母音 (cardinal vowel), 40
旧約聖書 (Old Testament), 131
強曲用 (strong declension), 94
教皇グレゴリウス (Gregory I), 87
共時言語学 (Synchronic Linguistics), 69
強勢 (stress), 53
強変化動詞 (strong verb), 97, 112, 148, 154, 155
共鳴音 (sonorant), 18, 19
曲用 (declension), 92, 136
緊張母音 (tense vowel), 42, 43, 56
欽定訳聖書 (The Authorized Version of the English Bible), 132
義務/束縛様相 (deontic modality), 151
逆成 (back-formation), 112
ジェイムズ・クック (James Cook), 206
屈折 (inflection), 92, 94, 97–100, 112, 113, 126, 146, 198
屈折接辞 (inflectional affix), 55
クヌート (Canute, Cnut, Knut), 81, 83, 101
クラウディウス (Claudius), 72
ビル・クリントン (Bill Clinton), 186
クレオール (creole), 195
オリバー・クロムウェル (Oliver Cromwell), 117, 184
クリストファー・クーパー (Christpher Cooper), 136
具格 (instrumental), 93
グリム兄弟, 77
軽音節 (light syllable), 55, 56
ケニング (kenning), 98
ケネス一世 (Kenneth I), 177
ケルト語派 (Celtic languages), 70

ケルト人 (Celtics), 73, 74, 86, 181
賢人会議 (Witenagemot), 81
ケント (Kent), 73, 74, 76, 86, 87
権利の章典 (Bill of Rights), 118
権利の請願 (Petition of Right), 117
ゲルマン語派 (German languages), 70
ゲルマン人 (Germanic peoples), 73, 80,
　　82, 83, 94
口蓋化 (palatalisation), 63, 91, 95
後期近代英語 (Late Modern English),
　　135, 136
硬口蓋音 (palatal), 16, 28, 36
硬口蓋接近音 (palatal approximant), 37
後舌母音 (back vowel), 11, 23, 24
古英語 (Old English), 71, 76, 79, 83–85,
　　88, 90–92, 94–100, 108, 109,
　　112–115, 131–133, 146, 148,
　　149, 153, 154, 156–158, 161,
　　177, 178, 185
古英語の動詞, 96
古英語の人称代名詞, 94
古英語の名詞, 92
国際音声記号 (IPA), 26
黒人英語 (African American Vernacular
　　English, AAVE), 194–200
コックニー (Cockney), 36, 139, 140, 168,
　　171, 172, 208
古ノルド語 (Old Norse), 70, 83, 88–92,
　　95, 115
クリストファー・コロンブス (Christopher
　　Columbus), 186
ジェレミー・コービン (Jeremy Corbyn),
　　186
コーンウォール (Cornwall), 73, 80
コーンウォール語 (Cornish), 70, 80, 181
語彙範疇 (lexical category), 90
語源的綴り字 (etymological spelling), 119
再建 (reconstruction), 78
サクソン人 (Saxons), 73–75, 80, 83
サセックス (Sussex), 74
三重母音 (triphthong), 42
恣意性 (arbitrariness), 6, 8
子音 (consonant), 2, 13, 18, 19, 21, 22,
　　24, 26–28, 30, 34, 35, 43, 47–51,
　　63, 76–79, 127, 160, 161, 171,
　　175, 182
ウィリアム・シェイクスピア (William
　　Shakespeare), 120, 121,
　　125–129, 139, 146, 158, 175,
　　178, 188, 199

シェイクスピアの言い回し, 129
弛緩母音 (lax vowel), 41–43, 57
歯茎音 (alveolar), 15, 16, 21, 22, 28, 29,
　　31, 34, 36
七王国 (Heptarchy), 75, 87, 88, 173
悉曇学, 12, 19
渋川六蔵敬直, 143
社会言語学 (Sociolinguistics), 192, 193
主格 (nominative), 93, 95, 100, 112
初期近代英語 (Early Modern English),
　　116, 127
初期近代英語の文法, 126
初期のアメリカ英語, 188
新約聖書 (New Testament), 131
ジェイムズ一世 (James I), 117, 132, 135,
　　187
ジェイムズ二世 (James II), 118
弱曲用 (weak declension), 94
弱変化動詞 (weak verb), 97, 112, 154,
　　155
ジャンヌ・ダルク (Jeanne d'Arc), 105
重音節 (heavy syllable), 55, 56
ジュート人 (Jutes), 73, 74, 80, 83
自由変異 (free variation), 47
ジョン欠地王・腰抜け王 (John
　　Lackland/Soft Sword), 104
サミュエル・ジョンソン (Samuel
　　Johnson), 136, 144, 146, 147
ベン・ジョンソン (Ben Jonson), 127, 136
ジョン万次郎, 33
ウィリアム・ジョーンズ (William Jones),
　　67, 68
クリストファー・ジョーンズ (Christopher
　　Jones), 191
ダニエル・ジョーンズ (Daniel Jones), 168
スコット人 (Scots), 83, 177
スコットランド (Scotland), 72, 73, 80,
　　96, 104, 145, 167, 170, 176–180,
　　182, 184, 185, 191, 214, 224,
　　225, 227
スコットランド・ゲール語 (Scotic Gaelic),
　　177, 181
ストーンヘンジ (Stonehenge), 71
清教徒 (Puritan), 117
制限コード (restricted code), 196–198
声帯 (vocal cords), 2, 3, 18, 25, 37, 40,
　　50
声道 (vocal tract), 25
精密コード (elaborated code), 196–198
声門 (glottis), 3

声門破裂音 (glottal plosive), 30, 171, 172, 180
世界の母語人口, 222
接近音 (approximant), 21, 37, 41
接尾辞 (suffix), 55
狭母音 (close vowel), 23
聖アウグスティヌス (Saint Augustine), 87
セント・アンドリュー・クロス (Saint Andrew's Cross), 225
聖コルンバ, 87
セント・ジョージ・クロス (Saint George's Cross), 225
聖パトリック (Saint Patrick), 183
セント・パトリック・クロス (Saint Patrick's Cross), 225
前舌母音 (front vowel), 11, 23, 24
総合的言語 (synthetic language), 100
相補分布 (complementary distribution), 49
阻害音 (obstruent), 18, 19
側面接近音 (lateral approximant), 37
フェルディナン・ド・ソシュール (Ferdinand de Saussure), 6, 69
素性 (feature), 49
そり舌音 (retroflex), 38
属格 (genitive), 93, 95, 112
対格 (accusative), 93, 95, 100, 112
帯気 (aspiration), 47
高母音 (high vowel), 23
たたき音 (tap), 18, 33
短母音 (short vowel), 41
第一次子音推移・グリムの法則 (First Consonant Shift), 76, 157, 160
第二次子音推移・高地ゲルマン語子音推移 (Second Germanic Consonant Shift/High German Consonant Shift), 79
大母音 (Great Vowel Shift), 133
大母音推移 (Great Vowel Shift), 159, 174
濁点, 2
ダニエル・ジョーンズ (Daniel Jones), 40
ダンカン一世 (Duncan I), 178
ウィンストン・チャーチル (Winston Churchill), 139
チャールズ一世 (Charles I), 117
チャールズ二世 (Charles II), 117
中英語 (Middle English), 101, 103, 106, 107, 109, 110, 112–116, 119, 126, 131, 133, 142, 146, 149, 154–157, 174, 178
中母音, 23
調音点 (point of articulation), 13, 15–17, 21, 22, 27, 36, 49, 63, 77, 133
調音法 (manner of articulation), 13, 16–19, 21, 22, 27, 29, 49, 77
超分節 (suprasegmental), 25
ジェフリー・チョーサー (Geoffrey Chaucer), 106, 112, 116, 128
通時言語学 (Diachronic Linguistics), 69
転換 (conversion), 58
デーン人 (Danes), 80–83, 88, 89, 101
デーンロー (Danelaw), 80, 88, 173
閉じたクラス (closed class), 90
ドナルド・トランプ (Donald Trump), 224
ジャスティン・トルドー (Justin Trudeau), 228
同化 (assimilation), 49
軟口蓋 (velum), 13, 16, 28, 29, 31, 36, 37, 41
軟口蓋音 (velar), 15, 16
軟口蓋接近音 (velar approximant), 15
西ゲルマン語 (West Germanic languages), 70
二重語 (doublet), 89, 102
二重最上級 (double superlative), 126–128
二重比較 (double comparative), 126–128, 139
二重否定 (double negative), 128
二重複数 (double plural), 112
二重法助動詞 (double modal), 180
二重母音 (diphthong), 39, 42
アイザック・ニュートン (Isaac Newton), 120
ニューヨークにおける rhotic 発音, 192
認識的な距離 (modal remoteness), 149, 153, 157
ノルマン・コンクェスト (Norman Conquest), 81, 83, 84, 138, 178
ノルマン人 (Normans), 82, 101
ノルマンディー公ウィリアム (William of Normandy), 81, 101
ノーサンブリア (Northambria), 75, 76, 173, 177
ノーム・チョムスキー (Noam Chomsky), 12
ハ行の音, 19, 21
破擦音 (affricate), 35

破擦音化 (affrication), 173
弾き音 (flap), 18, 33
派生接辞 (derivaitonal affix), 54
ハドリアヌス帝 (Hadrianus), 73
ハムレット (Hamlet), 125
破裂音 (plosive), 17, 29
半狭母音 (close mid vowel), 23
ハーレム (Harlem), 197
ヴァイキング (Viking), 75
バッキンガム宮殿 (Buckingham Palace), 229
バース (Bath), 74
ジョージ・バーナード・ショー (George Bernard Shaw), 27, 139, 142
バジル・バーンスタイン (Basil Bernstein), 196, 197
東インド会社, 118
低母音 (low vowel), 23
非現実法 (irrealis), 148
標準英語 (Standard English), 168, 172, 178, 199, 213–215, 217
標準南部イギリス英語 (Standard Southern British English), 168
開いたクラス (open class), 90
広母音 (open vowel), 23
鼻音 (nasal), 18, 31
ビッグ・ベン (Big Ben), 167
ビーカー人 (Beaker folk), 71
ピクト人 (Picts), 72, 83, 176, 177
ピジン (pidgin), 195
ピルグリム・ファーザーズ (Pilgrim Fathers), 187
ガイ・フォークス (Guy Fawkes), 134
複合語 (compounds), 59, 60
フランス語 (French), 70, 78, 81, 82, 96, 101, 102, 104, 105, 107–111, 119, 120, 126, 138, 140, 223, 224, 230
ふるえ音 (trill), 32
V2 語順 (Verb Second), 114
ジョージ・W・ブッシュ (George Walker Bush), 224
ブリタニア (Britannia), 72
ブリトン人 (Britons), 72, 83, 176
分析的言語 (analytical language), 100
分節音 (segmental sound), 25
文法化, 156
文法性 (grammatical gender), 92, 137

ジョセフ・プリストリー (Josheph Priestley), 137, 138
閉音節 (closed syllables), 44
閉鎖音 (stop), 17, 29
オードリー・ヘップバーン (Audrey Hepburn), 139, 140
ヘンリ三世 (Henry III), 104
ヘンリ二世 (Henry II), 103
ヘンリ八世 (Henry VIII), 184
ベケット (Becket), 103
弁別素性 (distinctive feature), 29
ベーオウルフ (Beowulf), 80, 85, 98
ベーダ (Bede), 83, 85
法 (mood), 147
北海ゲルマン語 (North Sea Germanic languages), 71
翻訳借用 (loan translation), 87, 88, 157
母音 (vowel), 2, 9, 11, 17, 18, 21, 22, 24–27, 30, 31, 33, 37–43, 48, 50, 55, 58, 59, 63, 91, 94, 133, 134, 140–142, 158, 159, 171–175, 180, 182, 188, 192, 210
母語との距離, 223
ヌマ・ポンピリウス (Numa Pompilius), 230
マイケル・ジャクソン (Michael Jackson), 202
マイ・フェア・レディ (My Fair Lady), 139
摩擦音 (fricative), 17, 34
リンドリー・マリー (Lindley Murry), 143, 144, 147
マルコム三世 (Malcolm III), 178
トマス・マロリー (Thomas Malory), 116
マーシア (Mercia), 75, 76
ミニマルペア (minimal pair), 9, 47, 62
無声音 (voiceless sound), 2, 3, 21, 27, 29, 30, 33, 34, 37, 49, 50, 59, 62, 78, 94, 141, 182
無声音化, 49
名誉革命 (Glorious Revolution), 118
命令的接続法/仮定法 (mandative subjunctive), 151
メタ言語比較 (metalinguistic comparison), 127
有声音 (voiced sound), 2, 3, 18, 21, 27, 29–31, 33, 34, 37, 62, 141, 190
有声音化, 49
ユニオン・ジャック (Union Jack), 225
ユニオン・フラッグ (Union Flag), 225

様相/モダリティ (modality), 151, 156

容認発音 (Received Pronounciation), 29, 39, 165, 168–173, 180, 191, 200, 209, 210, 214

与格 (dative), 93, 95, 112

ヨーク・ミンスター (York Minster), 176

ロバート・ラウス (Robert Lowth), 137, 138, 143

ラックラン・マッコーリー (Lachlan Macquarie), 209

ラテン語 (Latin), 70, 72, 78, 85–88, 101, 104, 109, 119, 120, 131, 136, 137, 142, 148, 157, 160, 161, 228, 230

ピーター・ラディフォギッド (Peter Ladefoged), 139

ウィリアム・ラボフ (William Labov), 193, 197–200

リチャード一世 (Richard the Lionheart), 103

リチャード三世 (Richard III), 105

両唇音 (bilabial), 15, 16, 20–22, 28, 29, 31, 35, 36

両唇接近音 (bilabial approximant), 15

両唇軟口蓋接近音 (labio velar approximant), 15, 37

両唇摩擦音 (labiodental fricative), 35

エイブラハム・リンカン (Abraham Lincoln), 196

リンガフランカ (Lingua Franca), 223

ルーン文字 (runes), 94

連結の r (linking r), 39, 52

連合王国 (United Kingdom), 224

ロミオとジュリエット (Romeo and Juliet), 121

ウォルター・ローリー (Walter Ralegh), 186, 190

ジョージ・ワシントン (George Washington), 196

わりこみの r (intrusive r), 53